Karlo Meyer

Lea fragt Kazim
nach Gott

Christlich-muslimische Begegnungen in den Klassen 2 bis 6

Unter Mitarbeit von

Nurcan Karatepe
Lea Böhme
Kazim Sendogan

Vandenhoeck & Ruprecht

Der Druck des Buches und die Erstellung der beiliegenden CD-ROM wurden
von der Georges-Anawati-Stiftung unterstützt.

Mit zahlreichen Abbildungen und einer Begleit-CD, programmiert von Volker Ssymank, Braunschweig.

Systemvoraussetzungen: mind. 256 MB RAM; für Installation auf der Festplatte mind. 600 KB;
Microsoft Windows ab 98 SE. Um alle Funktionen abrufen zu können, benötigen Sie eine Soundkarte und
eine geeignete Media-Player-Software. Alternativ können Sie das Video auf DVD brennen und unabhängig
abspielen.

Bibliografische Information der Deutschen Bibliothek

Die Deutsche Bibliothek verzeichnet diese Publikation in der Deutschen Nationalbibliografie;
detaillierte bibliografische Daten sind im Internet über <http://dnb.ddb.de> abrufbar.

ISBN 3-525-61013-0

Umschlagabbildung: Karlo Meyer

Satz|Lithografie: weckner media+print GmbH, Göttingen
Druck und Bindung: Quensen Druck+Verlag, Hildesheim

Gedruckt auf alterungsbeständigem Papier.

Inhalt

Was wir wollen

Dialog zwischen Muslimen und Christen – für viele christliche Kreise noch immer ungewöhnlich, für andere inzwischen selbstverständlich. Wo Kazim und Lea, Aishe und Kai nebeneinander im Klassenraum sitzen, wo Nachbarschaften, Fußballmannschaften und Arbeitskollegien türkisch-deutsch und sonst multinational besetzt sind und mein Freund eine Türkin heiratet, da wird geredet, auch über Glauben, über Religion und Religionen.

Und doch im Detail fehlt es schnell an Wissen. *Die christliche und die muslimische Religion mit ihrem Alltag in Deutschland* sind daher das Thema des Heftes.

Grundsätzlich ...

Begrenzte, religiös zentrale Punkte der Religionen stehen im Mittelpunkt.
Religion in ihrer Praxis und in ihrer Lebenskraft ist das primäre Thema des Religionsunterrichts. Ein kleines Fenster zur Religion wird geöffnet, ein Ausschnitt, um in die Tiefe zu gehen und genau hinzusehen. Ein allgemeiner Überblick verstellt eher den genauen, respektvollen Blick. Es geht um ein erstes Kennenlernen, dem andere folgen.

Religiöse Rituale, religiöse Gebrauchsgegenstände, religiöse Gebäude und religiöse Erzählung sind gleichgewichtig.
Sie alle haben auch in der staatlichen Schule das Recht, mit Kopf, Hand und Herz wahrgenommen zu werden. Ausgewählte Stücke aus religiösem Gebrauch werden genauso vorgestellt wie Geschichten.

Religion lebt in den Menschen, die Religion praktizieren.
Daher führen Kazim und Lea durch diese Einheit, zwei Kinder, die auch außerhalb dieses Buches genauso heißen und in Hildesheim ihre Religion ausüben. Sie können z.B. als Passbild auf Arbeitsblättern erscheinen – nicht als Illustration, sondern als „Kontextualisierung", um deutlich zu machen: Dieses Zeugnis einer Religion/ dieses Arbeitsblatt hängt mit einem ganz bestimmten Menschen zusammen, der so seine Religion ausübt.

Ausgeübte Religion und ihre Zeugnisse brauchen Aufmerksamkeit und Geduld mit allen Sinnen zum Hinhören, Riechen, Schmecken, Sehen und Fühlen.

Das Fremde ist anders und darf anders bleiben. Dazu setzen wir bewusst Grenzen. Eine fremde Geschichte, ein fremdes Ritual, ein fremdes Bild, sie alle haben ihren eigenen Ort und zu ihnen gehören bestimmte Menschen, die mit ihnen umgehen. Wir zeigen dies durch Fotos von Lea und Kazim, zu deren christlicher oder muslimischer Tradition eine Geschichte oder ein Ritual jeweils „gehören" („Nicht allen gehört alles"). Ein Foto von Kazim erscheint zum Beispiel auf der Oberseite eines Blattes zu islamischen Bildern. Die Materialien werden so verortet. Das Thema des Blattes gehört dann explizit zu Kazim und seiner Tradition, nicht zur christlichen. Des Weiteren unterscheiden grüne und violette Wandtafeln die Ergebnisse aus der Arbeit an islamischen und aus der Arbeit an christlichen Traditionen. Grün ist traditionell die Farbe Mohammeds und der Muslime. Violett ist traditionell die Farbe der Kirche. Als Drittes leiten Geräusche oder visuelle Hinweise eine religiöse Geschichte ein und beenden sie. Sie erhält so ihren eigenen Raum als etwas Anderes, etwas Fremdes im Raum der Schule. Ein Ausschnitt des Gebetsrufes leitet zum Beispiel eine islamische Geschichte ein, eine Glocke eine christliche.

Religion schafft Tiefe durch das persönliche Verhältnis zu ihr, durch eigenes Berührtsein. Fremde und eigene Tradition sollen in Bewegung setzen, um mit Körper, Seele und Geist in Beziehung zu treten zu Ritualen, Gedanken oder Geschichten – zu den großen Fragen der Menschen.

Klare Grenzen und die tiefere persönliche Auseinandersetzung bedürfen der Balance. Vor dem Berühren des Korans waschen sich Muslime rituell – vielleicht macht es Sinn, den Respekt vor dem fremden Buch ebenso deutlich zu machen. Eine Grenze erhält so einen leiblichen Ausdruck. Mit Fragen schaffen wir Brücken zum Eigenen: Wie drücken wir Respekt gegenüber *unserer* heiligen Schrift aus? Was verdient sonst in unseren Augen einen Ausdruck des Respekts? Wie zeige ich ihn?

Die genannten sieben Punkte machen mein Interesse deutlich, fremde und eigene Religion nicht nur auf der Sachebene zu behandeln, sondern sinnenhaft-gestalterische Erfahrungen mit Religion bei den Schülerinnen und Schülern selbst anzubahnen; nicht die Grenzen zu anderen zu verletzen und doch Raum zu geben zur persönlichen Auseinandersetzung. Wichtig bleibt dabei: Es geht um Menschen. Und: Es geht um Erfahrungen mit Gott.

Es geht um Menschen

Lea und Kazim, die uns durch die Einheit begleiten, sind, wie erwähnt, keine abstrakten, erfundenen Wesen. Sie heißen tatsächlich „Lea" und „Kazim"[1]. Beide leben in Hildesheim. Sie gehen in die vierte bzw. in die fünfte Klasse.

Lernen Sie die beiden Kinder vorab ein wenig kennen, damit Sie sie bei Nachfragen auch für die Schulkinder mit Leben füllen können:

 *Kazims* Großeltern väterlicherseits kamen vor mehr als dreißig Jahren nach Deutschland. Sein Vater wurde noch in der Türkei geboren, ist aber schon hier aufgewachsen. Er arbeitet in einer Zulieferfirma der großen Fabrik in der Stadt.

Die Familie wohnt in einem kleinen Haus. Im obersten Geschoss wohnen die Großeltern, im mittleren Geschoss der Onkel und im Erdgeschoss Kazims Familie: Vater, Mutter, die fünfjährige Schwester und Kazim.

In den Ferien fliegt die Familie einmal im Jahr in die Türkei zu den anderen Großeltern. Sie leben in der Nähe von Izmir. Kazim freut sich auf die Besuche. Es gibt dort so viele Verwandte, dass es noch kein Mal in den Ferien gelungen ist, alle zu besuchen; irgendeiner wird immer ausgelassen.

1   Sprich: Kásem (das „z" wird wie ein stimmhaftes „s" gesprochen, das „i" – im Türkischen ohne Punkt – wie das kurze, unbetonte „e" in „laufen").

Kazim spielt gern Fußball. Als Stürmer seiner Mannschaft hat er schon einige Pokale gewonnen, einmal ist er sogar als bester Stürmer ausgezeichnet worden. Auch Computerspiele spielt er gern. Er hat schon einen eigenen Computer auf seinem Schreibtisch. Sein Lieblingsfach ist Geografie.

Kazim geht am Wochenende regelmäßig in die Moschee. Er lernt dort, die arabische Schrift des Korans zu lesen, und kann diese schwierige Schrift schon ausgesprochen gut. Die Sprache Arabisch kann er noch nicht, aber allein die Worte lesen zu können, ist schon ein Anfang. Bald wird er mit Lesen den ganzen Koran durchgegangen sein, dann gibt es ein kleines Fest. Kazim kennt nur wenige Geschichten aus dem Koran; der Koran ist ja auch kein Geschichtenbuch, es ist ein Buch der großen und kleinen Gottesreden. Ihm entspricht das Rezitieren des Gotteswortes im ureigenen arabischen Wortlaut. Und deshalb lernt Kazim, in fremder Sprache Gottes Wort zu rezitieren. Sein liebstes Wort ist *Bismillāh*: „Im Namen Gottes", so beginnt jede Sure des Korans. Kazim weiß, was man als gläubiger Muslim tun und was man lassen sollte.

Das rituelle muslimische Gebet hat Kazim mehr von den Großeltern gelernt als von den Eltern. Er kann schon alle Bewegungen und die nötigen Koranverse. Die Großmutter hat es ihm Stück für Stück beigebracht.

Sein Vater meinte zum Gebet: „Ganz regelmäßig habe ich nicht immer gebetet, beim Schichtbetrieb ist das auch schwierig; ich müsste eigentlich noch eine Menge nachholen." Seine Mutter hält guten Kontakt zur Moschee.

In der Kirche fragte Kazim zuerst: „Wer ist denn der da vorn?" „Isa," sagte sein Vater, „den die Christen ‚Jesus' nennen."

 *Leas* Eltern sind in der DDR aufgewachsen, in der Nähe des Harzes. Lea hat eine ältere Schwester, die schon mit ihrem Freund zusammengezogen ist und nicht mehr zu Hause wohnt. Die jüngere Schwester besucht die erste Klasse.

Leas Vater arbeitet in der großen Fabrik der Stadt, Leas Mutter hilft in einem Hotel am Empfang aus. Sie ist sehr engagiert in der kirchlichen Arbeit im Kindergottesdienst, bei Familiengottesdiensten und darüber hinaus. Leas Vater ist nie Mitglied der Kirche gewesen, kommt aber ab und zu mit. Die Familie wohnt in einer Mietwohnung in einem großen Haus. Die Wohnung hat zwei Etagen und Lea ist ganz stolz, dass sie vor kurzem in die zweite Etage umziehen konnte, als ihre Schwester ausgezogen ist. Jetzt hat sie oben ihr eigenes Reich.

Lea geht regelmäßig in den Kindergottesdienst ihrer Gemeinde. Er findet immer am Freitagnachmittag statt. Auch zu Hause liest Lea gern in der Kinderbibel. Sie kann gut die Hälfte der Geschichten nacherzählen. Auch die Geschichten aus diesem Heft – von Mose am Dornbusch und von Samuel – kannte sie schon. Ob sie eine Lieblingsgeschichte in der Bibel hat, kann sie schwer sagen; es gibt einfach zu viele davon, die ihr gefallen.

Die Mutter hat immer sehr viel Wert auf die christliche Erziehung gelegt. Sie hat Lea beigebracht, abends zu beten. Im Augenblick tut Lea das nicht besonders regelmäßig. Regelmäßig wird von der ganzen Familie vor dem Mittagessen gebetet.

Lea singt in ihrer Freizeit in einem Kinderchor. Ihr Lieblingslied ist „Herr, deine Liebe...“

In der Moschee hat ihr die Gebetsnische spontan gefallen.

Es geht um Erfahrungen mit Gott

In diesem Band wird das theologische Thema „rufen und gerufen sein“ behandelt. Beginnend mit den äußeren Phänomenen – dem muslimischen Gebetsruf und dem christlichen Glockenläuten – im ersten Kapitel, beschäftigt sich das zweite Kapitel mit der Erfahrung, dass prophetische Menschen eine „Ansprache Gottes“ in außergewöhnlicher Weise erfahren haben. Sie hörten oder sahen etwas von einem Gottesboten und erhielten einen Auftrag.

 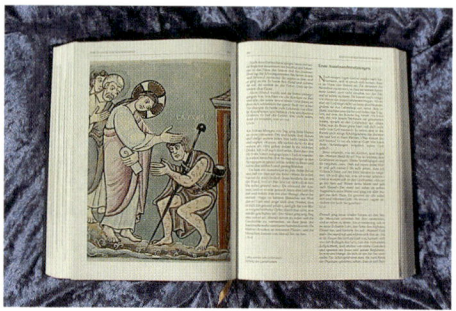

Dieses Angesprochensein durch Gott ist im christlichen wie muslimischen Glauben jedoch nicht auf einzelne große Religionsgestalten beschränkt. Im dritten Kapitel geht es darum, dass alle, Christen wie Muslime, sich von Gott angesprochen wissen, je auf ihre Weise „Gott antworten" und zu ihm sprechen.

Aufgetragen ist beiden bei allen Unterschieden zwischen ihren Religionen ein Leben des Friedens und der Liebe in Gott; diesem kann bei allen Unterschieden gemeinsam in einer besinnlichen Andacht und in einem fröhlichen Fest Gestalt gegeben werden; davon handelt das vierte und letzte Kapitel.

Lehren und Lernen

Gelernt werden kann im Zusammenhang mit anderen Religionen auf einer Vielzahl von Ebenen – angefangen beim Schlichtesten, dem Wahrnehmen des anderen und den neuen Vokabeln.

Die Schülerinnen und Schüler können

- auf der Ebene der *Sinne:* genau hinhören auf etwas Fremdes; Fremdes riechen, fühlen, schmecken und ansehen;
- auf der Ebene des *Wortschatzes:* sachgemäß verstehen und verwenden: „Muslim/Muslima", „Minarett", „Moschee", „Islam", „Adān/Ezan", „Offenbarung" u.a.;
- auf der Ebene der (Kinder-)*Theologie:* islamische und christliche Geschichten inhaltlich wiedergeben, in denen Gott Menschen gerufen hat, und die Vorstellung kennen und werten, dass Gott *jeden* Menschen ruft;

- auf der Ebene des *Sozialverhaltens:* Andersartigkeit unter Menschen zunächst respektvoll hinnehmen, z.B. einen fremden Laut genau anhören und, auch wenn er als „lustig" empfunden wird, um der anderen willen das Lachen zurückhalten.
- auf der Ebene des *Dialogs:* die Unterschiede und Grenzen zum Fremden achten und doch mit eigenen Erfahrungen ins Gespräch mit dem anderen treten.
- auf der Ebene der *Persönlichkeitsbildung:* den Fragen und Anstößen des religiösen Materials eine eigene gestaltete Antwort geben in leiblicher, bildnerischer, lautmalerischer, musikalischer oder anderer Form.

„PS"

Der Ansatzpunkt mit dem muslimischen Ruf zum Gebet und der erste Teil des ersten Kapitels gehen auf eine Konzeption von John Hull, Michael Grimmitt, Julie Grove und Louise Spencer zurück.

Udo Gedig hat diese Konzeption für den deutschen Kontext erstmals umgesetzt und mit dem Thema „Engel", verbunden, das bei den englischen Autoren ein eigenständiges Thema ist (siehe Literatur).

Wir haben dieses Konzept für den deutschen Kontext mit den Themen „Glocken", „Berufung", „christliche und muslimische Antworten" in einen umfassenderen Zusammenhang gestellt. In der didaktischen Konzeption lehnen wir uns an Hull, Grimmit, Grove und Spencer sowie an Ideen von Robert Jackson an.

Für das kritische Lesen der islamisch-theologischen Hinweise sei an dieser Stelle der muslimischen Theologin Hamideh Mohagheghi gedankt, für die Erprobung in einer vierten Klasse Frau Melanie Remmers und der Grundschule Ochtersum.

Gedankt sei auch für das Korrigieren Christina Kalukuhl, Helga Liermann, Melanie Remmers, Emin Tuncay, Hans-Jürgen Lange und Ludwig Meyer, sowie für ihre Beiträge zum Materialteil Nurcan Karatepe, Tagrid Krinke, Hamideh Mohagheghi, Baddr el Din Dehne und Renata Riechmann. Besonderer Dank gebührt schließlich Familie Sendogan und Familie Böhme, der Selimiye Merkez Moschee in Hildesheim, dem Hodscha, Herrn Kara, Herrn Tuncay und den Kindern der Moschee, ohne die das Buch nicht möglich geworden wäre.

 *Hinweise zum Material.* Die Material-CD enthält die Arbeitsblätter (M1 bis M34), eine Information „Feste der Muslime", eine Filmsequenz (AV-Material), Bilder (V-Material) und akustische Materialien (A-Material). Das Inhaltsverzeichnis der CD finden Sie am Ende des Buches. Das akustische Material lässt sich auf einem herkömmlichen CD-Player abspielen. Die Filmsequenz (AV-Material) kann mit einer geeigneten Media-Player-Software am PC angesehen werden; alternativ können Sie das Video auf DVD brennen und mit einem DVD-Player abspielen. Nähere Einzelheiten finden Sie auf der CD, wenn Sie auf die Schaltfläche „Hilfestellung" klicken. Bei den Bildern (V-Material) haben wir versucht, die Vielzahl der Möglichkeiten im Blick zu haben. Sie können die Bilder auf Folie ausdrucken und über einen OHP zeigen. Sie können sie direkt über einen Klassencomputer vorführen, wenn die Lerngruppe kleiner ist. Wenn Ihre Schule einen Beamer hat, können Sie sie mit diesem Gerät an die Wand projizieren.

Was wir vorbereiten und beachten

 Laden Sie muslimische Kinder der Klasse nach Absprache mit den Eltern für diese Einheit in Ihren Religionsunterricht ein.

 Unterlegen Sie zwei deutlich voneinander unterschiedene Wand-bereiche

- mit grünem Papier (Grün ist traditionell die Farbe Mohammeds und der Muslime) – für Ergebnisse, Bilder oder Gegenstände im Zusammenhang mit dem Islam;

- mit lilafarbenem Papier (Violett ist traditionell die Farbe der ev. Kirche) – für Ergebnisse, Bilder oder Gegenstände im Zusammen-hang mit dem Christentum.

Sie können einen gezackten, reißverschlussartigen Mittelbereich für Überschneidungen vorsehen, der allerdings nicht leichtfertig mit allzu viel Material gefüllt werden sollte; Grenzen sind wahrzu-nehmen und zu wahren. Zur Unterstützung kann auf die eine Seite ein Bild von Kazim und auf die andere Seite ein Bild von Lea gehängt werden.

 Bringen Sie eine große Wortschatz-Tabelle an der Wand an (und geben Sie den Kindern eine kleine Tabelle für die Mappen; M1). Sie kann, Stück für Stück ergänzt, wichtiges Wortmaterial aus dem Unterricht aufnehmen:

A) Kazim ist

_____,

seine Schwester ist

_____.

B) Lea ist

_____,

Ihr Vater ist

_____.

C) Kazim geht in die

_____.

D) Lea geht in die

_____.

A) Der _____ ruft
Muslime auf zum Gebet.

B) Die _____ rufen zum
christlichen Gottesdienst.

Usw. (s. M1)

Usw. (s. M1)

 Benutzen Sie das Wort „Allah" lieber nicht als muslimischen Eigennamen für Gott, selbst wenn Muslime es so gebrauchen. „Allah" wird auch von arabischen Christinnen und Christen als Wort für Gott verwendet, ebenso in der neueren Religion der Bahai. Es kann in der heutigen Verwendung einfach als „Gott" übersetzt werden und sollte entsprechend vermittelt werden (grammatisch korrekt auch: *der* Gott"). Ich gebrauche im deutschen Text durchgehend das deutsche Wort. Die Übersetzung des Wortes „Gott" ins Arabische mit „Allah" führen wir als einen unter vielen Punkten in der Wortschatztabelle ein.

 Auch muslimische Schüler stammen nicht unbedingt aus besonders gläubigen Familien! Selbst wo es so ist, wissen sie mit ihren neun, zehn oder auch elf Jahren längst nicht alle Hintergründe. Andererseits kann es sein, dass sie zu den Geschichten und Ritualen Variationen kennen, die hier nicht aufgeführt werden. Es lohnt sich nachzufragen, offen zu bleiben, in Betracht zu ziehen, dass Schüler mehr wissen – aber auch durchaus einmal nichts.

 Bei den Sachinformationen und den Geschichten über eine andere Religion kann man leicht das aus den Augen verlieren, womit die Schülerinnen und Schüler in ihrem eigenen Inneren „umgehen" oder auch „schwanger gehen" können, das, wofür sich der Dialog persönlich lohnt, nämlich von anderen für sich selbst zu lernen und mit dieser „Aufgabe", die das Fremde für mich mit sich bringt, gestaltend umzugehen. Wir haben daher für jedes Großkapitel neben einer Zielperspektive auf der Ebene „religionskundlicher Kompetenz" einen „existenziellen Herzschlag" der entsprechenden Sequenzen formuliert. Letzterer macht die innere Seite des Lernens aus. Wenn Sie diesen vorgeschlagenen oder einen anderen selbst gewählten „Herzschlag" im Gespür behalten, kann aus der bloßen Information über eine andere Religion der Beginn eines Religionsdialogs im Klassenzimmer werden.

1 Religion erleben

Was Sache ist

Religion erlebt man auch als Außenstehender in muslimischen Ländern schnell durch den Gebetsruf, in christlichen Ländern durch die Glocken.

 *Ruf zum Gebet in der islamischen Tradition.* Die Zeit für den Freitagsgottesdienst und die Zeit der fünf vorgeschriebenen täglichen Pflichtgebete der Muslime werden in muslimischen Ländern durch den Ruf zum Gebet über die ganze Stadt hinweg angekündigt (arabisch heißt der Gebetsruf aḏān, türkisch Ezan – das „z" mit weichem „s" gesprochen, wie „sieben"[1]). Der mu'aḏ ḏin (türkisch: Muezzin) ruft öffentlich vom Minarett zum Gebet auf.

Bei uns in Deutschland gibt es nur sehr wenige Minarette und noch seltener die Erlaubnis, von dort zum Gebet zu rufen. So bleibt es jedem Muslim und jeder Muslima überlassen, sich zeitlich selbst zu orientieren.

Da die rechte Gebetszeit abhängig ist vom Sonnenstand, wechselt sie im Jahreskreis und man muss schon etwas Acht geben. Manche Muslime haben zu Hause eine Weckuhr, die zu den Gebetszeiten nicht bloß klingelt, sondern sogar den Gebetsruf abspielt (das werden wir in den Unterrichtsentwurf aufnehmen). Viele richten sich nach Tabellen und der eigenen Einschätzung. Wer will, kann sich auch zur Gebetszeit von einem SMS-Service informieren lassen. In der Moschee wird ein Teil des Rufs wieder aufgenommen.[2]

Für das Pflichtgebet ist jedoch nicht unbedingt ein Moscheebesuch nötig; jeder Platz kann zu einem Ort des Gottesdienstes werden. Zum Freitagsgebet wird allen Muslimen[3] allerdings der Besuch der Moschee ans Herz gelegt. Wer nicht in die Moschee geht und den Gebetsruf nicht über einen Tonträger hört, spricht ihn für sich unmittelbar vor dem Gebet.

---

1 Wir nennen hier die arabischen und die türkischen Ausdrücke. Arabisch ist die Originalsprache, durch die hohe Anzahl türkischstämmiger Familien ist jedoch bei vielen Muslimen in Deutschland die türkische Version gängiger.
2 „Iqāma", türkisch „Kamet". Diese Fachausdrücke werden hier nur in den Fußnoten und zum Teil wiedergegeben, da sie für den Unterricht keine Rolle spielen.
3 In vielen muslimischen Kulturen wird dies allein auf die Männer beschränkt. Nach dem Koran gibt es jedoch in dieser Beziehung keinen Unterschied zwischen Männern und Frauen.

Das Ritual einer kurzen Waschung[4] macht bereit für Gott. Durch den Moscheeraum, durch einen Gebetsteppich oder im Notfall auch nur durch Zeitungspapier auf dem Boden wird symbolisch ein reiner Ort abgegrenzt, auf dem gebetet werden kann. Vor dem Betreten dieses reinen Ortes werden die Schuhe ausgezogen.

Religionswissenschaftler verstehen das Ritual so: Auf den Ruf hin verlässt der „Muslim, ob er nun zur Moschee geht oder nicht, die profane Welt des Alltags, und tritt, solange er seine Gebetspflicht erfüllt, vorübergehend in eine heilige Zeit und in einen heiligen Raum ein."[5]

Der muslimische Gelehrte „al Muslim" sagt: „Wo auch immer du dich befindest, wenn es Zeit für das Pflichtgebet ist, verrichte es dort; denn das ist ein heiliger Ort."[6]

Die Worte des Rufs sind die folgenden (ohne Sonderzeichen zur Umschrift des Arabischen):

Gott ist größer. (4-mal)	Allahu akbar. (4-mal)
Ich bezeuge, dass es keine andere Gottheit gibt außer Gott. (2-mal)	Aschadu an la ilaha illa Allah. (2-mal)
Ich bezeuge, dass Mohammed Gottes Gesandter ist. (2-mal)	Aschhadu anna Mohammedan rasulu-llah. (2-mal)
Auf zum Gebet. (2-mal)	Hajja ala s sallah. (2-mal)
Auf zum Heil. (2-mal)	Hajja ala l falah. (2-mal)
Gott ist größer. (2-mal)	Allahu akbar. (2-mal)
Es gibt keine Gottheit außer Gott.	La ilaha illa Allah (1-mal)

Der Überlieferungssammlung des Gelehrten Buḫārī[7] und des Gelehrten Muslim zufolge führte schon Mohammed diesen Ruf ein. Er soll nach der Auswanderung von Mekka nach Medina die beginnende kleine Gemeinde gefragt haben, wie man am besten das Gebet ankündigt. Nach einigen Vorschlägen, z.B. Glocken, wie bei den Christen, ein Horn wie an bestimmten Tagen im Judentum, ein Feuer, wie bei den Anhängern Zarathustras, habe Abdullah (ʿAbd-Allāh) von einem Traum erzählt, in dem ein Mensch einfach rief.

4 „Wuḍūʾ", türkisch „Abdest".
5 Watt/Welch (1980), S. 280.
6 Muslim, „Masāǧid", H. 1. nach Watt/Welch (1980), S. 280.
7 Buḫārī, „Aḏān", bāb 1; Muslim, „Ṣalāt", Ḥ, 1–3. nach Watt/Welch (1980), S.278.

'Umar (der spätere zweite Kalif) unterstützte diesen Vorschlag und so folgte Mohammed ihm und ernannte Bilāl ibn Rabāḥ zum ersten mu'aḏ ḏin.

Bilāl war ein abessinischer, offenbar schwarzer Sklave, der von Abū-Bakr, einem engen Weggefährten Mohammeds und erstem Kalifen, freigekauft wurde. Schikanen zum Trotz hatte er sich schon in Mekka zum Islam bekannt. An ihm zeigt sich eine über Abstammung und Rasse hinausreichende islamische Gemeinschaft. Menschen schwarzer Hautfarbe aus Afrika und Menschen brauner Hautfarbe aus Arabien beteten von Anfang an gleichberechtigt zusammen.

Religionswissenschaftler vermuten, dass zu Anfang allerdings einfach nur beliebige Ausrufer durch die Straßen zogen und riefen „Kommt zum Gebet!"[8]

Der Gebetsruf ist in dieser Form in allen islamischen Gemeinden gleich, auch wenn sich die Wiederholungen unterscheiden können. Die Schiiten beispielsweise fügen zwischen der fünften und der sechsten Formel eine weitere ein: „Auf zum Besten der Werke."[9]

Weitere Traditionen zum Gebetsruf. Wenn ein Kind geboren wird, wird etwa einen Monat oder zum Teil einige Tage später das Kind in Richtung Mekka gehalten und der Ruf zum Gebet in das rechte Ohr geflüstert. In einigen Gegenden folgt dann der Name des Kindes in das linke Ohr.

In kleinen türkischen Städten kann eine Variation des Gebetsruf erklingen, wenn ein Mensch gestorben ist. So wird zum Gebet für den Verstorbenen aufgefordert.[10]

 *Glocken in der christlichen Tradition.* Wie der Ruf zum Gebet haben die Glocken im christlichen Bereich einen Aufforderungs- und Verkündungscharakter. Sie verkünden Gottes Ehre, rufen die Christinnen und Christen zu Gebet und Gottesdienst und künden schließlich von der Königsherrschaft Jesu Christi über die ganze Welt.

Glocken stammen aus dem asiatischen Raum und gelangten von dort, z. T. noch in vorgeschichtlicher Zeit, in den Westen. In der 23. Dynastie tauchten sie in Ägypten auf, im frühen 7. Jahrhundert vor Christus in Griechenland und Italien.

---

8 Vgl. zu den Quellen Watt/Welch S.278 und 279.

9 Nach Sure *MAIDE* 58 und Sure *CUMA* (Freitag) 9.

10 Literatur: Zum Ruf zum Gebet, zu den Waschungen und zum Ritual des Pflichtgebets informieren ausführlich Watt/Welch (1980), S. 278–284.

Zunächst waren die Glocken kein Zeichen des christlichen Gottesdienstes, sondern Zubehör heidnischer Kulte. Das änderte sich, als
das Christentum im römischen Reich Staatsreligion wurde. Aus
Exodus 28,33 und 39,25f. wurde abgeleitet, dass mit Glocken auch
Christinnen und Christen ihr Evangelium verkünden könnten.
Wahrscheinlich waren es vor allem irische Mönche, die für eine
weite Verbreitung dieses Instrumentes sorgten. Später gaben Bene-
diktinerklöster die Glockengießerkunst weiter, bis sich im 12. Jahrhundert ein eigener Handwerkerstand bildete.

Heute wird zu allen Hauptgottesdiensten, zu Taufen, Trauungen
und Beerdigungen geläutet. Am Samstagabend wird um 18 Uhr der
Sonntag eingeläutet. Viele katholische und manche evangelische
Kirchen läuten morgens, mittags und abends zum Gebet (Angelusläuten).

Religionsphänomenologisch kann besonders das Tönen großer
und tiefer Glocken über einer Stadt oder in einer besonderen Landschaft, wie zum Beispiel in den Bergen, bei Menschen das Gefühl
von Ehrfurcht und Erschauern auslösen und die Nähe des Heiligen
spürbar machen.

Bei Glocken und dem „Ruf zum Gebet" verbinden sich, religionswissenschaftlich
gesprochen, Erfahrungen mit dem Heiligen und eine klare Verkündigung (Verherrlichung
Gottes/Christi) mit der Aufforderung, ihrem Ruf zu entsprechen (durch Gebet und
Gottesdienst).

Sie sind je auf ihre Weise charakteristische Zeugnisse muslimischen und christlichen
Glaubens.

Was die Schülerinnen und Schüler davon haben

Religionskundliche Kompetenz: Schülerinnen und Schüler können
die religiösen Medien „Ruf zum Gebet" und „Glocken" mit Respekt
wahrnehmen und ihren inhaltlichen Hintergrund darstellen/erklären.

Existenzieller Herzschlag: Die Schülerinnen und Schüler lernen das
„Herausrufen" oder „Herausklingen-Lassen" von Freude, Trauer,
Aufforderungen oder Bekenntnissen schätzen; sie überlegen für
sich, was sie selbst herausklingen lassen und herausrufen möchten,
also was ihnen selbst so wichtig ist, dass sie es allen in der ganzen
Stadt oder im Umland von einem Turm laut zurufen würden.

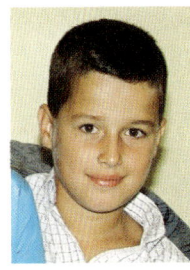

Der muslimische Ruf zum Gebet

Einen Ruf zu hören ist eine akustische Erfahrung, die jede und jeder kennt. Die Kinder sollen mit Lauten aus ihrer Lebenswelt „abgeholt" werden. Trotz dieser Anknüpfung wird die Fremdheit des „Rufs zum Gebet" kaum gemildert. Nicht nur die Fremdheit einer anderen Sprache, sondern auch die Fremdheit einer ihnen unbekannten kehligen Lautbildung bringt die Kinder zum Kichern. Es ist „irgendwie komisch".

Ich habe gute Erfahrungen damit gemacht, den Tonträger gleich beim ersten Lachen abzuschalten und darüber zu sprechen, was komisch war. Die Fremdheit der Lautbildung ist durch eine andere Sprache erklärbar. So sprechen Menschen in Arabien („Vielleicht lachen die ja auch über unsere Laute?"). Eine zweite Erfahrung ist, einen Menschen reden zu hören und ihn nicht verstehen zu können, das verunsichert jeden und jede. Manchmal lacht man auch einfach, weil man unsicher ist. Wer kennt das nicht?

Statt zu lachen kann man aber dieses eigenartige Fremde einmal genau anhören. („Vielleicht machen sich die anderen auch die Mühe, unsere Laute einmal genau anzuhören.")

Vielleicht ist in dieser Lerngruppe oder in einer Nachbarklasse ein Kind, dem der Gebetsruf sehr wichtig ist. Die Auseinandersetzung mit den Gefühlen dieses Kindes beim Lachen der anderen sollte sehr deutlich gemacht werden.

Wenn das Lachen so aufgearbeitet ist, kann man die Laute noch einmal abspielen. Wenn wieder gelacht wird, kann man noch einmal deutlicher auf die Gefühle eines muslimischen Kindes hinweisen.

Am Ende der Stunde sollte die Neugier geweckt sein, mehr über diese fremden Laute zu erfahren.

Was wir brauchen

Grünes Tuch, Rekorder, Gegenstände, die Geräusche machen und mit ihrem Signal etwas bewirken (z.B. Wecker, Fahrradklingel, Telefon, Wecker, eine Trillerpfeife, eine Fahrradbremse, ein Weckradio, ein alter Wasserhahn, eine Spielzeugtür, die knarrt, Spielzeughahn, ein Spielzeugflugzeug), Signalgeräusche auf Tonträger (A6–11), Ruf zum Gebet auf Tonträger (A2), Arbeitsblatt Wortschatztabelle (M1), Arbeitsblatt Gebetsruf (M2), Arbeitsblatt Minarett (M3), weitere Geräusche (A12–14).

Wie wir vorgehen

Erarbeitung im Stuhlkreis

 Legen Sie das grüne Tuch auf den Boden, daneben den Rekorder; verdeckt, in Reichweite, Gegenstände, die Geräusche machen und mit ihrem Geräusch etwas bewirken.
„Das grüne Tuch steht für Gegenstände und Erfahrungen der Religion, um die es heute und die folgenden Stunden geht."

Spielen Sie die Geräusche einzeln ab; A6 = Autohupe, A7 = Fahrradklingel, A8 = Wasserpfeifkessel, A9 = Türklingel, A10 = Schiffshorn, A11 = Martinshorn.
„Ich spiele euch Geräusche vor. Hört euch jedes Geräusch genau an. Überlegt euch: Was ist das für ein Signal? Was signalisiert es?"

 „Es ist so, als ob das Signal zu den Menschen spricht"; „Menschen ändern durch das Geräusch ihr Verhalten..."; „Erzählt eine Geschichte vom Hören und Handeln..." Wenn Sie Zeit haben: Die Geräusche A12 bis A14 geben Impulse zu längeren Geschichten... Legen Sie die bereitgehaltenen Gegenstände auf das grüne Tuch.

 „Je zwei von euch können sich einen Gegenstand aussuchen. Findet heraus, wie und wodurch euer Gegenstand klingen kann. Überlegt euch gemeinsam, was euer Geräusch bei wem bewirken könnte."

 „Fallen euch weitere Geräusche ein, die etwas bewirken? Erzählt..."

 „Jetzt hört ihr ein Geräusch, das viele von euch noch nie gehört haben. Es klingt anders als die Geräusche, die wir bisher gehört haben. Es ist fremd. Für viele Menschen ist es nicht leicht auszuhalten, etwas so Fremdes anzuhören. Hört es euch trotzdem in Ruhe an." Spielen Sie A2 ab, den Ruf zum Gebet. Wenn gelacht wird, kurz den Recorder abschalten; das Lachen ansprechen und für alle zum Thema machen, s.o. Das Abspielen und das Bearbeiten des Lachens kann gut 15 Minuten dauern. Eventuell am Ende ausdrücklich sagen: „Wegen Aischa aus dieser Klasse/der Nachbarklasse möchte ich, dass ihr nicht mehr lacht, damit sie nicht verletzt ist."

„Vielleicht kennt jemand von euch diese Klänge schon..."

Geben Sie folgende Information:

Diese Klänge haben eine wichtige Bedeutung: Es sind Worte in einer anderen Sprache. Auch sie sollen wirken. Sie rufen Menschen an bestimmten Orten zu ihrem Gebet. In vielen fernen Ländern wird dieser Ruf für alle Menschen laut verkündet. Über die ganze Stadt klingt er fünf Mal am Tag. Er heißt der „Ruf zum Gebet" oder – türkisch – *Ezan* (mit weichem „s").
In diesen fernen Ländern erklingt er von einem hohen, schlanken Turm, dem *Minarett*.
Gleich neben dem Minarett ist das Gebetshaus, die *Moschee*.

Ein Mann geht das Minarett hinauf. Und wenn er ganz oben ist, ruft er von dort herab: „Kommt zum Gebet."

Auch bei uns kann man den Ezan hören, meist etwas leiser. Bei uns wird der Ezan mit einem kleinen Lautsprecher in einem Gebäude gesprochen. Manche Menschen haben auch eine kleine Uhr, die zu bestimmten Zeiten diesen Ruf abspielt.

Menschen hören diesen Ruf und beten zu Gott.

Sicherung

Die ersten Einträge in die Wortschatztabelle (M1): Ezan, Minarett.
Der Eintrag „Moschee" erfolgt in der nächsten Stunde.

E) Der _____ ruft Muslime auf zum Gebet.

F) Die _____ rufen zum christlichen Gottesdienst.

G) Der Gebetsruf erklingt vom

_____.

H) Sie klingen vom

_____.

Vertiefung „Rufen"

 „Sucht noch mehr Gegenstände, die Menschen (oder Tiere?) rufen."

 Rufspiele. Zum Beispiel: Stilles Rufen eines anderen beim Spiel „Zuzwinkern"; einladendes Rufen beim Spiel „Mein rechter, rechter Platz..."; „Zahlenaufrufspiel", unter den Namen „Konzentration"/ „Zabel"/„Kaiser, König" je nach Gegend bekannt.

 „Bringt uns ein Geräusch/ein Rufwerkzeug von zu Hause mit."

Vertiefung „Gebetsruf"

 „Nimm Arbeitsblatt M2. Höre den Gebetsruf und verfolge ihn auf dem Papier."

 „Male ein Minarett." Oder: „Male die Zeichnung *Minarett* aus (M3)".

 „Baut zu dritt oder viert mit Bausteinen euer eigenes Minarett."

 „Forscht im Internet mit der Suchmaschine www.blinde-Kuh.de oder anderen Suchmaschinen für Kinder, was ihr dort zum Stichwort Minarett findet."

 Einige Ergebnisse der Arbeit der Kinder werden an die grüne Wand gehängt.

Kazim hört den Ruf zum Gebet

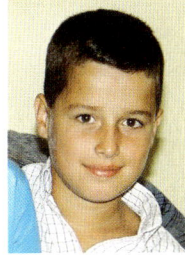

Der Ruf zum Gebet verbindet sich mit konkreten Menschen. Der Ruf verbindet sich mit persönlichem Glauben. Deswegen werden an dieser Stelle Kazim und Lea eingeführt. Lea hat hier die Rolle der respektvoll Lauschenden und Sehenden. Gleichzeitig wird mit ihr auch eine Differenzierung eingeführt. Der Ruf zum Gebet spricht nicht alle Menschen auf gleiche Weise an.

Die Stunde soll mit den beiden Leitpersonen der Einheit, Kazim und Lea, vertraut machen und dem Ruf zum Gebet eine personale Anbindung geben: „Der Gebetsruf ist etwas, was Kazim wichtig ist."

Was wir brauchen

Grünes Tuch, Leinwand, Projektor, Rekorder, einige Gegenstände der letzten Stunde, Ruf zum Gebet auf Tonträger, lang (A2) und kurz (A1), Bilder (V1.1–1.10).

Arbeitsblatt mit Signaltonträgern (M4), Arbeitsblatt zu Waschungen (M5), Bild der Gebetsnische (V7.6); evtl. Knetgummi.

Wie wir vorgehen

Erarbeitung im Stuhlkreis, evtl. mit Projektion

 Legen Sie das grüne Tuch auf den Boden und einige Gegenstände der letzten Stunde. Nehmen Sie die Erfahrungen noch einmal auf.

 „Was ist euch zu Hause zu unseren Ruf-Signalen noch eingefallen?"; „Was habt ihr mitgebracht?" ...

 Spielen Sie den Ruf zum Gebet erneut ab (A2/A1).

Heute geht es um einen Jungen, für den dieser arabische Ruf sehr wichtig ist. Er heißt Kazim.

 Kazims Porträt wird entweder als Kopie von V1.1 gezeigt und herumgereicht oder, besser, mit Overheadprojektor oder Beamer projiziert. Erzählen Sie kurz von Kazim (s. S. 9f.), eventuell mit Betrachtung einer Europakarte („Wo liegt die Türkei, wo Deutschland?"). Es folgt die Präsentation der Geschichte „Kazim hört den Ruf zum Gebet" (dazu jeweils das passende Foto zeigen/den Gebetsruf abspielen):

Kazim ist 11 Jahre alt. Er wohnt mit seinen Eltern und Großeltern in einem kleinen Haus. Seine Großeltern stammen aus der Türkei. Seine Mutter ist noch dort geboren, sein Vater schon hier in Deutschland. Er arbeitet in einer kleinen Firma.
Freitags geht Kazim immer zum Gebet in die Moschee gleich neben seinem eigenen Haus. Kazim spielt häufig mit Lea. (V1.2) Lea geht nicht zur Moschee. Sie geht am Sonntag oft in den Kindergottesdienst zur Kirche.

V1.3: Es ist Freitag. Kazims Eltern sind unterwegs und Kazim ist zu Hause geblieben.
Er hat Ferien und spielt gerade mit Lea am Computer. Beide finden Ferien toll. Plötzlich hören sie den Ruf zum Gebet (A1). Der Ruf wird von der kleinen schwarzen Weckuhr auf dem Regal abgespielt (V1.4). Sein Vater hat ihm diesen Wecker vor einiger Zeit geschenkt.
Zur festgesetzten Gebetszeit spielt er diese Laute ab, die wir gehört haben.

Kazim hört auf zu spielen. Der Ruf sagt ihm: Es ist Zeit an Gott zu denken. Kazim gehorcht dem Ruf. Er sagt zu Lea: „Ich geh jetzt 'rüber in die Moschee zum Beten." Lea möchte mitkommen. „Kein Problem", sagt Kazim, „Komm einfach mit." So gehen sie zusammen.

Zunächst gehen sie neben der Moschee in einen Waschraum. Im Waschraum bereitet sich Kazim auf das Gebet vor (V1.5). Er wäscht seine Hände, spült Mund und Nase kurz aus, wäscht das Gesicht, Arme, Ohren und Hals mit etwas Wasser. Dann fährt er sich durchs Haar und (V1.6) wäscht zum Schluss die Füße.

Nun ist er bereit. Er zieht seine Schuhe wieder an und geht mit Lea zum Moscheeraum (V1.7). Unterwegs setzt er seine Kappe auf.[11] (V1.8) Vor dem Gebetsraum geht es eine Treppe hoch.

V1.9: Oben zieht Kazim seine Schuhe aus.[12] Auch Lea zieht ihre Schuhe aus.
So zeigt sie, dass sie den Gebetsraum von Kazim respektiert (ernst nimmt). Lea setzt sich nach hinten und schaut zu. Kazim und alle anderen Jungen und Männer rücken in einer Reihe dicht zusammen (V1.10). Während des Gebetes rufen sie den Namen Gottes an. Sie verbeugen sich in einer langen Reihe gemeinsam vor Gott und werfen sich aus dem Sitzen vor ihm auf den Boden. Sie zeigen, wie klein sie gegenüber Gottes Größe sind und dass sie alle gleich sind gegenüber Gott.

Kazim tut dies, wie die meisten Muslime, fünfmal am Tag – freitags in der Moschee, sonst zu Hause. Der Gebetsruf sagt ihm: „Jetzt ist die rechte Zeit. Eine Zeit für Gott." (A1)

---

11 Diese Kappe wird nicht in allen muslimischen Traditionen benutzt. Mohammed soll sie verwendet haben. Sie drückt Respekt aus gegenüber Gott, hat aber einen hygienischen Grund, nämlich: keine Haare zu verlieren beim Gebet.
12 Die Schuhe werden aus hygienischen Gründen ausgezogen, unter anderem deshalb, weil später der Kopf den Boden berührt.

Wenn Sie es noch nicht gemacht haben, lohnt es sich in dieser Stunde, mit M2 die Worte des Gebetsrufes zu verfolgen.

Sicherung

Weitere Einträge in die Wortschatz-Tabelle: Muslim/Muslima; Moschee; Minarett.

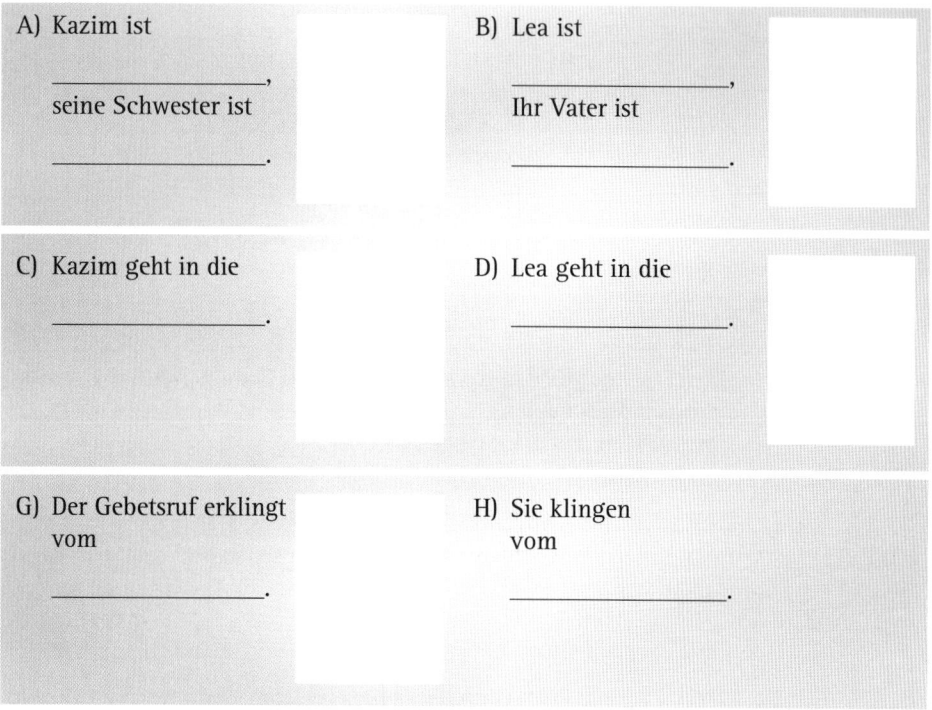

A) Kazim ist

_____,

seine Schwester ist

_____.

B) Lea ist

_____,

Ihr Vater ist

_____.

C) Kazim geht in die

_____.

D) Lea geht in die

_____.

G) Der Gebetsruf erklingt vom

_____.

H) Sie klingen vom

_____.

Vertiefung „Gerufen werden und antworten"

 Schreib los: „Also, wenn ich am Computer sitze und spiele – und man ruft mich ..."

 „Überlegt euch zu zweit Fragen, die ihr Kazim stellen wollt. Anschließend vergleicht ihr in der Klasse eure Fragen und macht eine Liste (die wichtigsten Fragen oben). Hängt die Liste aus. Ihr werdet sehen, wie sie sich im Lauf des Unterrichts mit Antworten füllen." (Was übrig bleibt, sollte euch ein „Experte" beantworten, z.B. der Vater oder die Mutter muslimischer Mitschüler.)

„Kazim folgt dem Gebetsruf. Überlege: Welchen Ruf kennst du, dem du sofort folgen würdest (M4 hilft dabei)? Schreibe oder zeichne diesen Ruf und warum er dir wichtig ist.“

 „Kazims Tagesablauf wird durch das fünfmalige Gebet in fünf Abschnitte geteilt, fünf Abschnitte von Gebet zu Gebet. Was teilt eigentlich deinen Tag ein?“

 „Kazim und die anderen richten sich beim Gebet mit ihrem Körper nach der fernen Stadt Mekka aus.[13] Sie legen den Teppich in diese Richtung und schauen bei dem Gebet dorthin. Diese Stadt ist viele tausend Kilometer weit entfernt. Gibt es etwas, wonach du deinen Körper *ausrichtest* (z.B. Bett, Ampel, Ball, Sonne; vgl. auch: Vertiefung „Glaube“)?“

Vertiefung „Waschung“, „Gebetsnische“, „Gebet“

 „Wie wäscht sich Kazim vor dem Gebet? Betrachte M5. Jeder Teil des Waschens verbindet sich mit einer tieferen Bedeutung. Deute selbst:
Das Waschen des Kopfes soll zeichenhaft ... auch die Gedanken im Kopf rein waschen.
Das Waschen der Hände soll zeichenhaft ...
Das Waschen ...“

 „Betrachte die *Gebetsnische*. Sie zeigt die Gebetsrichtung an. Um den Schall zu leiten, ist sie immer gewölbt. Forme sie mit Knete (Ton).“
    Die Ergebnisse können auf einem kleinen Tisch vor der grünen Wand aufgestellt werden.

 „Schau in den Tageszeitungen der letzten Woche nach. Kommen dort Menschen vor, die beten? Worum geht es?“

13 Genauer: Nach der Ka'ba in Mekka, nach der Tradition die älteste Gebetsstätte der Welt, von Adam erbaut und von Abraham und Ismael wieder erbaut.

Vertiefung „Glauben"

 Denken Sie mit den Kindern über Körperhaltungen nach: „Wie stehen sich zwei Menschen gegenüber, die offen füreinander sind? Wie steht ein Mensch, der eine Aussicht bewundert? Wie steht ein Mensch, der trösten will? ... Wie könnte ein Mensch stehen, der offen ist für Gott?" Lassen Sie es nicht beim Denken – Ausprobieren macht „anschaulich".

 Besprechen Sie mit den Kindern das folgende Zitat von Kazim. Wie lernt man beten? Was haben die Kinder vielleicht von ihren Großeltern gelernt?

Kazim sagt:

„Früher bin ich immer rauf zu meinen Großeltern gegangen. Meine Großeltern haben regelmäßig gebetet. Und meine Großmutter hat mir dann beigebracht, selbst zu beten. Stück für Stück habe ich es dann selbst gelernt."

 (Wenn's passt:) „Ich frage mich, ob einer oder eine von euch schon mal gebetet hat oder regelmäßig betet. Vielleicht könnt ihr den anderen davon erzählen ..."

Wenn nicht alle Anregungen hier aufgegriffen werden können, passen sie gut auch in den Zusammenhang von 3. Religion vollziehen.

 Ergebnisse und evtl. ein Abzug eines Bildes von Lea und Kazim oder der Gebetsnische werden an die grüne Wand gehängt.
Muslimische Kinder werden ermutigt, eine eigene Gebetsweckuhr mitzubringen oder eine ähnliche Kappe, wie Kazim sie hat.

Bilāl, der erste Rufer

Der Ruf zum Gebet spricht täglich neu zu Menschen der ferneren und näheren Umgebung. Er hat aber zugleich seine eigene Geschichte. Zum personalen Kontext tritt ein historischer Kontext. Die Geschichte von Bilāl wurde bereits erwähnt. Die Geschichte handelt von dem Mut, bei dem eigenen Glauben zu bleiben, auch wenn es gefährlich wird, von dem festen Willen, ihn gegenüber anderen zu vertreten.

Was wir brauchen

Rekorder, Ruf zum Gebet auf Tonträger (lang A2; kurz A1), Gebetsteppich, Bild von Kazim und Lea (V2.1), evtl. groß kopiert, Arbeitsblatt M2, M6, Bild V7.3, evtl. Projektor/Beamer.

Wie wir vorgehen

Gegenstände, die muslimische Kinder evtl. mitgebracht haben (Kappe, Gebetsweckuhr), werden zu Beginn der Stunde gewürdigt.

Erarbeitung

 Der Gebetsruf wird gehört (wenn möglich, vom mitgebrachten Wecker, sonst A1). Ein groß kopiertes Bild von Lea, Kazim und seinem Vater hängt an der Wand (V2.1). Dazu folgende Erzählung:

Nach dem Besuch in der Moschee hat Lea viele Fragen zu dem Gebetsruf.
Kazim versucht zu antworten.
„Wer hat denn das erste Mal so gerufen?", fragt sie Kazim.
Kazim kennt die Antwort auch nicht. Aber sein Vater springt ein.
Er hat ein Buch mitgebracht, in dem die Geschichte steht.
Und er liest den beiden die Geschichte des ersten Rufs zum Gebet vor (**A1**):

Es war zu der Zeit, als die meisten Menschen noch an ganz viele verschiedene Götter glaubten.[14] Damals lebte Bilāl. Er war Sklave. Als Sklave gehörte er zum Besitz seines Meisters wie dessen Vieh oder sein Haus. Sein Meister hatte ihn von einem Händler gekauft, und er musste alles tun, was der Meister ihm befahl.

Eines Tages rief sein Meister Bilāl zu sich und sagte ihm: „Der Sklave Ammar hat immer wieder behauptet, dass es nur *einen* (!) Gott gebe. Das ist eine Beleidigung meiner vielen Götter und verdient Strafe. Ich bin sein und dein Meister. Ammar soll zur Strafe mit einer Peitsche geschlagen werden, und das machst du. Ich befehle es dir. Geh!"

Bilāl ging zum Markplatz, wo Ammar schon angebunden stand.
Eine Peitsche wurde ihm in die Hand gedrückt.
Bilāl sah Ammar an und Ammar sah Bilāl an und Bilāl glaubte ihm.
„Er hat Recht", dachte er. „Es gibt nur einen Gott."
Dann ließ er die Peitsche fallen und sagte: „Es gibt nur einen Gott!"

Sein Meister schnaubte vor Wut und schimpfte so laut, dass man es über den ganzen Platz hören konnte: „So eine ungeheuerliche Dreistigkeit! Auch Bilāl soll bestraft werden."
Bilāl wurde zu Boden geworfen und gefesselt. Schwere Steine wurden auf ihn gelegt.
Bilāl drückten die Steine, aber er dachte daran, was Ammar gesagt hatte, und rief:
„Es gibt nur einen Gott, es gibt keine andere Gottheit außer Gott!"
Immer größere Steine wurden auf ihn gelegt und das Atmen wurde immer schwerer für ihn, aber trotzdem rief er mit lauter Stimme: „Es gibt nur einen Gott!"
Er rief so laut, dass man es in allen Straßen umher hören konnte.

Als Bilāls Kräfte nachließen, hörte ihn ein Mann und sagte:
„Ich kaufe den Sklaven dort unter den Steinen!"
Dem Meister war das gerade recht, er wollte Bilāl schnell loswerden.
Bilāls neuer Besitzer ließ die Steine entfernen und sagte ihm:
„Mach dir keine Sorgen, Bilāl, ich glaube auch, dass es nur einen Gott gibt!"
Bei dem neuen Meister hatte es Bilāl sehr gut.
Hier lernte er eine ganze Gruppe Menschen kennen, die alle nur an einen Gott glaubten, Abdullah, Umar und viele andere.
Sie trafen sich regelmäßig zum Beten an nur einen Gott.
Bilāl ging mit und betete mit ihnen und bald gehörte er dazu; sie wurden Freunde. Und sein neuer Besitzer schenkte ihm die Freiheit.
Aber keiner ahnte, dass er in der Gruppe noch eine besondere Rolle spielen würde.

---

14 Eventuell können Sie das noch erläutern: Sie glaubten, es gebe eigene Götter für die Ernte und Götter für bestimmte Berge. Sie glaubten, diese Götter benähmen sich wie Menschen. Es gebe gute Götter und böse Götter. Manche waren launisch. Manchmal wusste man gar nicht, an welchen Gott man sich wenden sollte.

Eines Tages überlegten sie zusammen, dass sie ein eigenes Gebetshaus bauen wollten.
Dort sollten alle beten können, die nur an einen Gott glauben.
Aber wie sollten sie die anderen Menschen zum Gebet einladen?
Einer sagte: „Ich habe gehört, dass einige Menschen mit Glocken zum Gebet rufen. Wäre das eine Idee?"
Ein anderer sagte: „Bei anderen soll es ein Horn geben, dass manchmal ertönt."
Wieder einer hatte die Idee, Hölzer aneinander zu schlagen.
Es kamen noch einige Vorschläge, aber es sollte doch etwas Eigenes sein.
In der Nacht träumte Abdullah von einem Menschen, der mit seiner Stimme rief.
Am Morgen erzählte er den anderen davon:
„Hört mal her: Ich habe geträumt, dass einer einfach mit seiner Stimme zum Gebet rief."
„Gute Idee,", sagte Umar. Umar unterstützte die Idee und bald waren alle einverstanden.

Das Gebäude war schnell gebaut, aber wer sollte jetzt die Menschen zum Gebet rufen und was sollte er rufen? Plötzlich hatte einer eine Idee:
„He, Bilāl, du kannst doch so laut rufen. Sogar damals unter den Steinen. Geh auf den Turm und rufe die Menschen mit deiner Stimme!"
Bilāl ging zur Leiter. Er wusste nicht, was er rufen sollte.
Als er die Leiter hinaufging, war sein Kopf wie leer.
Dann stand er oben und auf einmal wusste er, was er sagen sollte, und er begann:

Gott ist größer!
Ich bezeuge, es gibt keine andere Gottheit außer Gott.
Ich bezeuge, dass Mohammed sein Gesandter ist.
Auf zum Gebet!
Auf zum Heil!
Gott ist größer!

Dies und noch mehr rief er laut in seiner Muttersprache Arabisch und das klang so: **A2**

Kazims Vater sagt: „Diesen Ruf gibt es noch heute. Er heißt Ezan oder Gebetsruf.
Der, der ihn ruft, heißt Muezzin. – Aber nun sagt: Was hat euch an der Geschichte gefallen?"
Kazim und Lea überlegen....

Die Rahmenerzählung lädt in dieser Form zu spontanem Weitererzählen ein. Was sagen Lea und Kazim? Indem die Kinder Vorschläge machen, nehmen sie indirekt bereits selbst zu der Geschichte Stellung.

Sicherung

Falls noch nicht geschehen, Eintrag in die Wortschatztabelle:

E) Der _____ ruft
   Muslime auf zum Gebet.

F) Die _____ rufen
   zum christlichen Gottesdienst.

G) Der Gebetsruf erklingt
   vom

   _____ .

H) Sie klingen
   vom

   _____ .

Vertiefung „Bilāl"

 Erarbeiten Sie zusammen mit den Kindern eine Bildergeschichte zu dem langen Text: Ermitteln Sie gemeinsam, wie viele Bilder benötigt werden (Bilāl und sein Herr; Bilāl und Ammar; Bilāl unter wenigen Steinen, Bilāl unter vielen Steinen; Bilāls „Erlösung"; Bilāl, Umar und Abdullah beraten; der Bau des Gebetshauses; der Aufstieg auf den Turm; Bilāl ruft). Je zwei bis vier Kinder erhalten den Auftrag, eines der Bilder zu gestalten (gleiches Papierformat); am Ende können die Bilder entweder zu einem Wandfries/einer Rolle zusammengeklebt werden oder, mit Pappe verstärkt als Schilder verwendet werden, anhand derer die Geschichte nacherzählt wird.

 „Schreib los: Bilāl steigt die Leiter hoch. Seine Beine werden ihm dabei ganz schwer. Er denkt..."

Beispiele

„Er war bestimmt sehr nervös, denn wenn er etwas nicht richtig gesagt hätte, hätten die anderen sicher gelacht."
Ben, 6 Jahre

„Es war ihm bestimmt peinlich, dass so viele zugesehen und zugehört haben."
John, 8 Jahre

„Aufgeregt. Er war jetzt wichtig."
Christine, 8 Jahre

„Schreib los: Auf einmal weiß Bilāl, was er rufen kann. Er will allen Leuten sagen, dass ...

Überlege anschließend: Was kann die Stimme, was Glocke, Trommel und Horn nicht können?"

 „Nimm den Gebetsruf (M2) unter die Lupe. Ein schweres Wort ist „bezeugen/ich bezeuge": Erkläre es mithilfe der Geschichte von Bilāl: Warum ist bezeugen mehr als sagen?"

Beispiele

Gefragt, inwiefern Bilāl ein „Zeuge" war, sagten Kinder:

„Bilāl war ein Zeuge, weil er Gott liebte."
Nicki, 8 Jahre

„Auf ihn wurden Steine gelegt. Und er ging dann zur Moschee. Und dann sagte ihm Gott, was er sagen sollte. Und deshalb war er ein Zeuge."
Graham, 8 Jahre

 In Bilāls Land redeten und schrieben die Leute arabisch. Betrachtet zu zweit M6: Da ist Bilāls Ruf zum Gebet arabisch aufgeschrieben; entdeckt ihr wiederkehrende Elemente? Markiert sie.

 Zeigen Sie V7.3 und erzählen Sie dazu: „Kazim zeigt Lea in der Moschee nach dem Gebet noch eine kleine Erhöhung. Hier wird vor dem Gebet noch einmal der Gebetsruf gesprochen. Kazim versucht es gleich selbst. In einigen Jahren wird er vielleicht selbst einmal den Gebetsruf am Freitag sprechen, denn jeder ältere Jugendliche oder Erwachsene darf das, wenn er es sich zutraut." Malen Sie sich mit den Kindern aus, wie es wäre, sich in der Moschee oder in der Kirche vor allen anderen hinzustellen und zu rufen ...

Vertiefung „Glauben"

 Bilāl sagt: „Damals, als ich da unter den Steinen lag und der Fremde kam und mich kaufte ... – Das geschah mit Gottes Hilfe." Wie kommt er darauf? Wie könnte man das zeichnen? (Achtung: Dies ist eine Aufgabe nur für christliche Kinder; die malen vielleicht zu den Steinen, unter denen Bilāl liegt, eine Hand, einen Hauch, ein Symbol für Gottes Nähe. Muslimische Kinder malen Gott in keiner Form.)

„Führt zu zweit kleine Gespräche darüber: Eine(r) ist Bilāl und der andere ist einer, der nicht an Gott glaubt. (Der sagt zum Beispiel: Unsinn, das war Zufall ...“

 „Erzählt euch weitere Geschichten von Menschen, die Hilfe erfahren haben und sagten: Das war Gott!“

 „Ganz schön mutig von Bilāl, dass er ...“/„Ganz schön blöd von Bilāl, dass er ...“ – Erarbeiten Sie, dass der Sinn eines Wagnisses immer davon abhängt, wie wichtig die Sache ist, um die es geht; dass es dem Bilal offenbar *lebenswichtig* war, zu seinem Gott zu stehen – koste es, was es wolle.

Die Frage, die sich anschließt: Wozu/zu wem stehe ich?

 Kazim fragt Lea: „Gibt es so etwas wie den Ruf zum Gebet auch bei euch?“ Was wäre deine Antwort?

 Ergebnisse der eigenen Arbeit der Kinder und evtl. ein Bild von Kazim in der kleinen Erhöhung in der Moschee werden an die grüne Wand gehängt.

 Eventuell wäre hier schon eine Exkursion in eine Moschee sinnvoll, vgl. Kapitel 3, S. 84.

Glocken – der christliche Ruf zum Gebet

Die Glocken werden als eine Entsprechung zum Gebetsruf einge-führt. Wir gehen hier von elementaren Grundkenntnissen der Kin-der aus und ergänzen in der Wortschatztabelle eine Reihe von christlichen Wörtern. An dieser Stelle kann natürlich noch intensi-ver auf Kirche, Christsein usw. eingegangen werden.

Die Glocke soll dabei für die Kinder als Instrument des „Rufens" – oder in diesem Fall besser: des „Klingens" – ihren eigenen Charakter und ihre Würde gewinnen.
   Vielleicht haben Sie selbst ein bewegendes Erlebnis mit dem Klang von Glocken gehabt? Wenn Sie es mit den Kindern teilen, wird der Eindruck der Glocken umso tiefer sein.

Was wir brauchen

Violettes Tuch, Kerze, verschiedene Glocken (eventuell aus der Musiksammlung Ihrer Schule), Rekorder, Glockengeläut (A4), ver-schiedene Glocken (A15 bis A20), Fotos (V3.1–3.8), Projektions-möglichkeit, Arbeitsblätter M7 bis M10.

Wie wir vorgehen

Erarbeitung im Stuhlkreis

Auf dem *violetten Tuch* stehen eine *Kerze* und eine Reihe verschie-dener *Glocken*.

 Zunächst wird das violette Tuch erklärt:

> Grün ist die Farbe des Islam, zu dem Kazim gehört.
> Violett ist die Farbe der christlichen Kirche, zu der Lea gehört.
> Auch die Kerze steht für den christlichen Glauben.
> Heute geht es um etwas, das Lea wichtig ist.
> Daher liegt hier ein violettes Tuch.

„Probiert die Glocken vorsichtig aus! Wie klingt welche Glocke? Wie unterscheiden sich die Klänge? Was hat der Klang mit der Größe der Glocke zu tun? Versucht, aus den unterschiedlichen Klängen kleine Melodien zu komponieren."

 Oder, wenn keine Glocken vorhanden sind … Wir schauen uns M7 an: „Was unterscheidet diese Glocken?" (A,C,D: das Material; B, E, F die Größe). Hören Sie mit den Kindern A15 bis A20 und ordnen Sie sie zu (Reihenfolge: D, C, A, F, E, B).

 „Es gibt Glocken, die können noch mehr …" Spielen Sie A4 ab. Es folgt eine kurze Aussprache: Was ist das Besondere an Kirchenglocken? Wann läuten sie? Warum?

 Zünden Sie die Kerze an, schlagen Sie eine der Glocken an. Dazu wird erzählt (und gezeigt):

Kazim hatte Lea gefragt, ob es bei ihr auch so etwas wie einen Gebetsruf gibt,
und Lea fielen die Kirchenglocken ein (**V3.1**).
Zusammen mit Leas Mutter gehen sie zur Kirche
und betreten den Glockenturm der Kirche (**V3.2**).
Im Turm geht es viele Stufen aufwärts.
Kazim ist schon vorausgelaufen und zählt die Stufen.
Schließlich ist er bei 116 Stufen angelangt. Die Glockenebene ist erreicht (**V3.3**).
Lea und Kazim gucken in die Stundenglocke. Sie ist genauso hoch wie Lea, aber viel breiter.
Da steht etwas geschrieben. Kazim guckt sich die Buchstaben genau an.
Er liest auf der ersten Glocke: „ICH BIN GOTTES DIENER."
Auf einer anderen Glocke steht: „EHRE SEI GOTT IN DER HÖHE." (**V3.4**)

Leas Mutter erklärt: „Die Glocken wollen Gott loben und die Menschen an dieses Lob erinnern."
Nun gehen alle drei zur höchsten Ebene (**V3.5**).
Lea sagt: „Wow, hier kann man weit sehen. Dahinten ist schon die nächste Kirche."
Und ihre Mutter ergänzt: „Und fast genauso weit kann man auch die Glocken hören.
Von dort ganz hinten auf dem Feld habe ich einmal am Abend unsere Glocken gehört.
Wir sind spazieren gegangen. Auf dem Rückweg traten wir über die Hügelkuppe und sahen
die Stadt vor uns liegen – von der anderen Seite. Der Wind wehte uns entgegen und es fing
an zu läuten. Ich dachte: Schön, dass wir bald wieder zurück sind."

Leas Mutter erzählt weiter (**V3.6**):
„Als die Kirche und der Kirchturm fast fertig waren, haben viele Menschen Geld zusammen-
gelegt, um diese Glocke herstellen zu lassen.
Ein Glockengießer in einer anderen Stadt wurde beauftragt.
Er hat die Form vorgefertigt und das heiße Metall dann in die Form gegossen (**V3.7**).

Als das Metall wieder kalt wurde,
konnte man die Form öffnen.
Die Glocke war fertig.
Dann musste man die schwere Glocke
hierher bringen.
Aber das war noch nicht das Schwie-
rigste.
Sie musste hinauf in den Kirchturm.
Eine Winde wurde oben angebracht
und ein Seil.
Viele Menschen haben gemeinsam am
Seil gezogen, um die Glocke an der
Winde hinaufzuziehen. Sie mussten sehr aufpassen.
Denn wenn das Seil gerissen und die Glocke hinuntergefallen wäre, wäre sie zersprungen
und alle Arbeit wäre vergebens gewesen.
Aber sie haben es geschafft und sie hier angebracht (**V3.8**).
Früher hörten die Menschen während der Feldarbeit die Glocke.
Wenn es läutete, hörten sie einen Moment auf mit der Arbeit und dachten an Gott.

– Bis hier oder, bei anhaltender Aufmerksamkeit, weiter … –

Morgens, mittags und abends hat sie geläutet.
Es war für die Menschen so, als könnte die Glocke rufen, was auf ihr steht:
„Lobt Gott! Lobt Gott! Lobt Gott am Morgen! Lobt Gott am Mittag! Lobt Gott am Abend!"

Manchmal läutete die Glocke auch, wenn Feinde kamen.
Das war wie der Ruf: „Achtung, Achtung! Ich warne euch alle!"
Dann liefen alle von den Feldern in die Stadt hinter die Stadtmauern.
Oder in der Nacht, wenn ein Feuer ausbrach, klangen die Glocken wie:
„Wacht auf! Es brennt! Wacht auf!"

Heute läuten sie vor allem, um die Menschen zum Gottesdienst zu rufen.
Bei der Wiedervereinigung Deutschlands haben sie vor Freude laut und lang geläutet.
Die Menschen haben gehört:„Danke, Gott! Danke, dass alle Deutschen wieder zusammenge-
hören!"
Gleich läuten sie wieder zum Abend. Haltet euch lieber die Ohren zu (**V3.9**)!

 A4 abspielen und Erzählkerze löschen.

Sicherung

Neue Einträge in die Wortschatztabelle: Christin/Christ, Kirche,
Glocken.

A) Kazim ist

_____,

seine Schwester ist

_____.

B) Lea ist

_____,

Ihr Vater ist

_____.

C) Kazim geht in die

_____.

D) Lea geht in die

_____.

E) Der _____ ruft Muslime auf zum Gebet.

F) Die _____ rufen zum christlichen Gottesdienst.

Bei der Ergänzung der Wortschatztabelle kann bei den Kindern der Fehler auftreten, dass sie neben „Kazim ist Muslim" „Lea ist Deutsche" schreiben. Hier konnte eine Tabelle an der Tafel helfen, die so aussah:

Nationalität	Deutsch
Religion	Muslimisch
	Christlich
Ich fühle mich zugehörig zu	Deutschland
	Libanon, Kasachstan, China, Türkei ...

Der letzte Punkt ergab sich, weil Kinder sich – trotz einheitlich deutscher Staatsbürgerschaft – auch den Ländern eines ihrer Elternteile oder beider Eltern zugehörig fühlten.

Vertiefung „Glocken-Klang"

 Fragen Sie die Kinder nach Liedern, in denen eine Glocke/Glocken-geläut eine Rolle spielt. Ein Beispiel wäre das Lied „Bruder Jakob".[15] Mit jüngeren Kindern kann man das Lied: „Große Uhren gehen *tick, tack*" – es lässt sich umdichten in: „Große Glocken machen *dong dong*, kleine Glocken *dinge dinge*, und die kleinen Miniglocken machen *dingeldingel ding*".

 Kirchenglocken können recht differenzierte Botschaften mitteilen. Als Beispiel dient A5, aufgenommen an einem Samstagabend, 18.00 Uhr, am Dom in Hildesheim. Mit M8 lassen sich die verschiedenen Klänge ihren jeweiligen Bedeutungen zuordnen. (Lösung: 1. C mit U, 2. B mit R, 3. A mit T, 4. E mit V, 5. D mit S)

 Veranstalten Sie eine kleine Klangwerkstatt: Die Kinder erhalten – in „geräuschpegel-verträglichen" Gruppen Metallophone, auf denen nur die Metallplättchen der vorhandenen Glockenklänge stehen bleiben. Daran proben sie je ein eigenes Gruppenlied, das anschließend an den Glocken vorgeführt wird. Die Gruppe erarbeitet eine eigene „Interpretation": Was will unser Glockenspiel den Menschen erzählen?

Vertiefung „Glocken – Gestalt – Geschichte"

 Regen Sie eine „Bilderausstellung Glockentürme" an. Die Kinder schneiden aus Zeitschriften und Reiseprospekten Abbildungen von Glockentürmen aus und kleben daraus ein Poster oder einen Wand-fries; wenn es sich anbietet, erzählen Sie von prominenten Glocken-türmen (Pisa, Campanile in Venedig, im Krieg gestürzte Glocken, etwa in der Lübecker Marienkirche usw.).

 „Glocken wurden oft nicht nur beschriftet, sondern auch mit schö-nen Bildern versehen. Gestalte deine Glocke (M9)."

 (ab Klasse 4:) „Informiere dich über die Geschichte der Glocken in deiner Kirche. Auf M10 findest du Leitfragen."

15 Zum Lied „Bruder Jakob" schreibt *Helmut S. Ruppert, Chefredakteur der KNA, im Internet:*
  Santiago. Fast jedes Kind kennt das Lied vom „Bruder Jakob", der noch schläft, als die Glocken zur Messe läuten. Wer sich hinter diesem Namen ver-steckt, wissen aber sicher nur wenige. Bruder Jakob ist ein fauler Pilger auf dem so genannten Jakobsweg, einem langen und verzweigten Netz von Wegen und Straßen, die aus vielen Ländern Europas zum spanischen Wall-fahrtsort Santiago de Compostela führen. Ziel der abertausenden Pilger aus aller Welt ist seit Jahrhunderten „Sant Iago", der heilige Jakobus.

(ab Klasse 2) „Kannst du eine/die Glocke aus deiner Kirche nachmalen (Tipp: Vielleicht gibt es in deiner Gemeinde ein Faltblatt „Unsere Kirche", wo sie abgebildet ist.)?"

Vertiefung „Glocken und Glaube"

 „Das ging mir durch und durch" – so endet die Erzählung des Sohns vom Pastor. Er hat in der Silvesternacht auf dem Glockenturm das Einläuten des neuen Jahres „hautnah" miterlebt.

„Erkläre, was er meint. Schreib seine Geschichte. Oder eine eigene, die vom Glockenläuten und seiner Wirkung erzählt."

 Fächerübergreifend kann im Werkunterricht mit Gussformen experimentiert werden oder Glocken können aus Ton selbst gefertigt werden. Im Sachunterricht könnte der Ablauf des Glockengusses Thema sein und ab Klasse 6 könnten in Deutsch Ausschnitte aus Schillers „Glocke" gehört/gelesen werden.

 Ergebnisse aus der eigenen Arbeit der Kinder werden an die violette Wand gehängt.

 Möglich wäre eine Exkursion in einen größeren Glockenturm – hier oder in Verbindung mit dem Kirchenbesuch Kapitel 3, S. 87.

Herausrufen

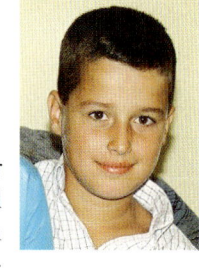

Klar herausgerufene Bekenntnisse sind in unserer Gesellschaft vor allem an einer Stelle gang und gäbe: in der Werbung. Im persönlichen Bereich werden sie schnell als peinlich empfunden. Während das laute Herausrufen spontaner Ideen vielen Kindern leichter fällt als Erwachsenen, sind Inhalte, die mein Innerstes zum Ausdruck bringen und zu denen ich ohne Wenn und Aber stehe, für ältere Kinder wie Erwachsene nicht so leicht laut zu formulieren.

Es bleibt eine Bildungsaufgabe für jeden von uns bis ins hohe Alter, immer dem Ausdruck zu verleihen, woran mein Herz hängt, um es mit anderen zu teilen.

Für den Religionsunterricht ist es ein Thema, das den Kern vollzogener Religion trifft:
„Wie drücke ich aus, woran mein Herz und mein Glaube hängen?"

Was wir brauchen

Stifte und Kärtchen

Wie wir vorgehen

Erarbeitung Schulhof/Klassenzimmer

 Gehen Sie mit den Kindern nach draußen auf den Hof oder Sportplatz oder auf den nahen Hügel. Geben Sie zwei Impulse: „Ich frage mich, wer von euch die lauteste Stimme hat." bzw. „Wer kann ganz leise rufen, so dass man es doch noch gerade versteht?" Der Clou ist:
Die Kinder werden zwar laut schreien und leise flüstern, aber auch feststellen, dass sie nicht wissen, *was* sie schreien oder flüstern sollen. Dies kann im Klassenraum thematisiert werden:

 „Was ist dir wichtig genug, um es allen ganz laut zuzurufen?"

 „Stellt euch vor, ihr habt einen Stimmverstärker und Stimmübersetzer, und wenn ihr laut ruft, könnt ihr es *allen* Menschen in weitem Umkreis sagen."

 Teilen Sie Kärtchen aus, auf die die Kinder je ihren eigenen Satz/Slogan schreiben, den sie laut herausrufen möchten. Sie sollen auch begründen können, warum ihnen dieser Satz so wichtig ist. Anschließend wird das Rufen erneut in der Praxis erprobt. Nun aber sind die Rufe mehr als Geräusche – sie sind Botschaften.

Beispiele

„Bewahrt die Natur!", „Stoppt den Krieg!"; ein Mädchen ruft laut, dass ihr Vater zurückkommen soll, der sich von der Mutter getrennt hat.[16]

---

16 Die Vorschläge und Beispiele stammen von Udo Gedig (2000), S. 137.

Ein anschließendes Gespräch kann besondere Situationen (versagende Stimmen) und einzelne Inhalte noch einmal aufnehmen.

 Wenn das Wetter nicht „stimmt", können sich einzelne auch auf einen Tisch stellen und von dort rufen.

 Ein solcher Bekenntnissatz kann dann auch einfach schön verziert werden, um seine Bedeutung auszudrücken.

2 | Religion erzählen

Was Sache ist

In den folgenden drei Unterrichtsstunden geht es um die Wahrneh-mung und Würdigung der heiligen Schriften von Christentum und Islam und um Gottes Ruf an einzelne, besondere Menschen. Daher zu beiden kurz der Hintergrund:

Heilige Schriften: Koran und Bibel. Die religiösen, „hand-greif-lichen" Gegenstände, die in den folgenden Unterrichtsstunden das „Medium" bilden, sind die Heilige Schrift des Islam und die des Christentums. Koran und Bibel sollen von den Schülern und Schüle-rinnen als grundlegende Bücher des jeweiligen Glaubens wahrge-nommen werden.

Beide bringen je auf ihre Weise Gotteserfahrungen und konkret Gottes Rufen zum Ausdruck. Während der Wortlaut des Koran als unmittelbares, bis in Nuancen bewahrtes Wort Gottes geglaubt wird, das an den Propheten Mohammed erging, wird die Bibel in Europa weitgehend als menschliche Niederschrift von Erfahrungen mit Gott verstanden, bei der freilich auch Gottes Geist mit im Spiel war.

Die Bibel schildert eine Fülle von unterschiedlichen Gotteserfah-rungen, je nach Epoche und Autor. Sie ist gleichsam ein Sammel-werk von Glaubenserfahrungen, die über mehr als tausend Jahre gemacht wurden. Der Koran ist nach der islamischen Tradition die Nachschrift der direkten Botschaften Gottes an einen einzelnen Menschen, Mohammed, die ihm im Laufe von ca. 23 Jahren offenbart wurden. Er vermittelt demnach vergleichsweise kompakt Gottes Wort.

Gottes Rufen. Christliche und muslimische Traditionen erzählen von besonderen Ereignissen, durch die Gott immer wieder Menschen zu einem besonderen Auftrag aus ihrem Alltag herausgerufen hat. Im Alten Testament wird das über die Propheten des alten Israel berich-tet: Sie wissen sich durch außergewöhnliche Gotteserfahrungen herausgerufen (z.B. Mose, Samuel, Jesaja, Amos). In den Evangelien wird beschrieben, wie Jesus Christus die Menschen von Angesicht zu Angesicht als seine Jünger beruft (z.B. Mt 9,9). Paulus erfährt dies nach eigenem Zeugnis und dem der Apostelgeschichte auf besondere Weise durch den auferstandenen Christus (z.B. Apg. 9). Nach der islamischen Tradition wird Mohammed vom Engel Gabriel angeredet und durch diese Begegnung von Gott zum Propheten und Gesandten Gottes bestellt.

Die außergewöhnlichen Erfahrungen, wie sie biblische Propheten gemacht haben, sind christlicherseits nicht so zu verstehen, dass andere von diesem Rufen Gottes ausgeschlossen wären. In den neutestamentlichen Briefen werden alle Hörerinnen und Hörer, die ganze Gemeinde als von Gott Ge- oder Berufene angesprochen (Röm 1,6; 1 Kor 1,2). Die Gemeinde selbst wird bald mit dem Ausdruck Ekklesia bezeichnet, also Herausgerufenen-Gruppe.[1] Was einzelne Menschen wie die Propheten oder die Jünger in ganz besonderer Weise erfahren haben, gilt letztlich allen Menschen: Gott ruft jeden auf seine Weise zu sich als seine freien Töchter und Söhne. Auch wenn in der Geschichte das Wort „Berufung" zum Teil sehr eingeschränkt gebraucht wurde, ist festzuhalten, dass es alle einschließt, Juden und die Völker (Röm 9,24; 1 Kor 1,24), Frauen und Männer, Freie und Sklaven.

Ebenso ist nach der islamischen Theologie der gesamte Koran Aufruf Gottes an jeden einzelnen Menschen. Gott spricht darin mit allen Menschen und erwartet von ihnen, dass sie auf seinen Ruf reagieren: „Und wenn dich Meine Diener über Mich befragen, so bin Ich nahe; Ich antworte dem Ruf des Rufenden, wenn er Mich ruft. Infolgedessen sollen sie auf Mich hören und sich Mir anvertrauen ..." Sure 2:186.[2]

Sicherlich werden die wenigsten Gott in dieser ganz besonderen Weise begegnen wie Mose und Samuel, doch macht es Sinn, diese besonderen Erlebnisse biblischer Gestalten aufzunehmen und sie gleichzeitig transparent zu halten gegenüber eigenen Begegnungen mit dem Heiligen.

Ein kleiner Text des katholischen Theologen und Politikers Ernesto Cardenal kann diesen *anderen* Ruf Gottes an alle Menschen zum Ausdruck bringen:

---

1 „Etymologisch bedeutet das Wort »etwas Herausgerufenes« (ekklêtoi sind die vom Herold herausgerufenen Bürger)." Es ist aber Vorsicht geboten hier zu viel hineinzuinterpretieren, eine letzte etymologische Klärung steht noch aus, vgl. RGG III, Bd. 3, S. 1298.
2 Vgl. auch Sure 2: 152: „Gedenket Meiner, damit Ich euer gedenke, und seid Mir dankbar und verleugnet Mich nicht."

Wir wollen Gottes Stimme klar, aber das ist sie nicht. Sie kann nicht klar und leicht verständlich für unsere Sinne sein. Aber sie ist tief. Es ist eine tiefe, feine und unerklärbare Stimme. Sie ist eine tiefe Beklemmung auf dem Grund unseres Seins, dort wo die Seele ihre Wurzel hat. Es ist eine Stimme in der Nacht. Berufung heißt Ruf und eine Stimme in der Nacht. ... Sie ist tief und klar, aber von einer dunklen Klarheit wie Röntgenstrahlen. Und sie dringt bis auf die Knochen.

Der Ruf ist eine Unzufriedenheit, eine Entzauberung aller Dinge. ...

Der Ruf ist tief, weil Gott auf dem Grund unseres Wesens wohnt. Und seine Stimme ist Schweigen.

Der Ruf Gottes – die Berufung – ist zweifach oder vielfach. Gott ruft uns: „Komm und folge mir." Es ist ein Ankommen und Weiterschreiten, ein Finden und Weitersuchen. ...

Gottes Ruf ist wie die Stimme eines Vogels in der Nacht, die ruft und lockt. Und ein anderer Vogel antwortet in weiter Ferne. Er kommt näher heran, und der andere fliegt weiter, ist schon weit fort, immer wieder rufend und lockend. Der folgende Vogel kommt näher, doch schon lässt sich der andere in noch größerer Ferne hören. Zuletzt hört man die Stimme des folgenden Vogels auch ganz von weitem. Und beide Stimmen verlieren sich in der Nacht.

Ernesto Cardenal, Das Buch von der Liebe, © Chr. Kaiser/Gütersloher Verlagshaus GmbH, Gütersloh, S.47

Was die Schülerinnen und Schüler davon haben

Religionskundliche Kompetenz: Die Schülerinnen und Schüler kennen die Bibel und den Koran als Heilige Schriften ihres jeweiligen Glaubens. Sie kennen die Berufungsgeschichten von Mose, Samuel und Mohammed und können sie je nach Altersstufe wiedergeben.

Existenzieller Herzschlag: Die Schülerinnen und Schüler könnten die Möglichkeit, von Gott gerufen zu werden, im Herzen bewegen. Sie entwickeln Fantasien: „Wie könnte Gott mir etwas zurufen? Was könnte er mir zurufen? Und was würde das für mich bedeuten?"

Wie Mose berufen wurde.
Leas Mutter erzählt

Wir greifen in dieser Stunde zunächst die Gestalt des Mose heraus, da sie in beiden Religionen vorkommt und das Rufen in der Geschichte sehr anschaulich dargestellt ist.

Mose ist eine herausragende Gestalt in Judentum, Christentum und Islam. Seine Berufungsgeschichte am brennenden Dornbusch – oder, im Koran, an einem Baum mit Feuer – gibt der Erfahrung Ausdruck, dass Gott Menschen ruft, um sie zu befreien und zum Glauben zu bewegen.

Im Koran ist Mose ein anerkannter Prophet, seine Berufungsgeschichte wird mehrfach erwähnt. Da die koranische Version in der Unterrichtseinheit nicht eigens vorgesehen ist, sei sie an dieser Stelle für die Leserin oder den Leser gerafft dargestellt. Aus den einschlägigen Suren ergibt sich fast dieselbe Geschichte wie in der Bibel:

Mose sieht ein Feuer und sagt zu seinen Angehörigen: „Bleibt hier. ... vielleicht ... kann ich beim Feuer eine Wegweisung finden" (Sure 20,10). Dort spricht dann Gott aus einem Baum zu ihm (Sure 28,30): „Oh Mose! Siehe, Ich bin dein Herr, so ziehe deine Sandalen aus. ... Ja, Ich habe dich auserwählt. ... Siehe, Ich bin dein Gott. Es gibt keinen Gott außer Mir. So diene Mir und verrichte das Gebet ...." (Sure 20,12–14) [Gott befiehlt:] „Geh zum Volk, das Unrecht tut, zum Volk Pharaos, ob sie nicht gottesfürchtig sein wollen." (Sure 26,10) Mose fürchtet, dass er dort nicht ernst genommen und als Lügner bezeichnet wird, worauf Gott ihm Wunderzeichen mit auf den Weg gibt und ihn zuerst auf seinen Stab hinweist: „Wirf ihn hin, o Mose!" Er wirft ihn hin und der wird zur Schlange. Mose bekommt einen Schreck, aber Gott beruhigt ihn: „Nimm sie hin und hab keine Angst. Wir werden sie zu ihrem ursprünglichen Zustand zurückbringen." Es folgt noch ein weiteres Wunder: Moses Hand wird zunächst weiß und dann wieder normal. Obwohl nun diese Zeichen das Ansinnen gegenüber dem Pharao stützen können, bringt Mose nun noch einen Einwand gegen seinen Auftrag vor, er habe einen „Knoten in der Zunge" und könne nicht gut genug sprechen. Mose selbst bittet, auch seinen Bruder Aaron zu beauftragen, um ihm beim Reden zu helfen. Gott gewährt die Bitte und Mose leistet dem Auftrag Folge.

Immer wieder werden im Text Parallelen zwischen den Erfahrungen von Mose und Mohammed deutlich: So wie Mose am Hof des Pharaos gerade bei denen, die ihn als (scheinbar) elternloses Kind aufgezogen haben, keinen Glauben findet, so findet auch der Waisenjunge Mohammed ausgerechnet in seiner Heimatstadt Mekka nur Zweifel und Ablehnung. Mose mit seinen Zeichen wird für „besessen" erklärt (Sure 20,27), ebenso scheint man Mohammed als besessen bezeichnet zu haben (Sure 52,29). Wie Mohammed zu den Menschen in Mekka geht, um sie zum Glauben zu bewegen, soll auch Mose zum Volk des Pharao gehen, „ob sie nicht gottesfürchtig sein wollen." (Sure 26,10).

Wie besonders an dem letzten Punkt deutlich wird, geht es bei der Beauftragung des Mose im Koran um zweierlei: erstens darum, die Kinder Israels aus Ägypten zu führen (20,47; 26,17) und zweitens um den Versuch, Glauben zu wecken, bzw. bei Unglauben um Bestrafung (20,48).

Sowohl der Koran als auch die Bibel berichten von unmittelbar hörbaren und verständlichen Worten Gottes an Mose; die Stimme identifiziert sich als der Gott der Vorfahren, bzw. einfach als „Gott" (koranisch: „Siehe, Ich bin Gott"). Da für Muslime die allzu direkte Vorstellung einer menschlichen Stimme Gottes ungewöhnlich ist, gilt Mose, wie im Koran verschiedentlich betont wird (Sure 4,164), als Ausnahme und erhält deshalb in der Überlieferung einen besonderen Ehrentitel: „kalīm Allāh".

Denn nach der Mehrheitsmeinung ist es normalen Menschen nicht bestimmt, Gott auf Erden in irgendeiner Form zu sehen oder auch nur direkt zu hören.[3] Sein Wort kommt in Form der Suren des Korans und durch den Mund des Engels Gabriel zu Mohammed.

Dieses Besondere an Moses soll im Unterricht nicht diskutiert werden. Wichtig ist, dass muslimische Kinder nicht dazu gebracht werden, sich eine bildliche Vorstellung von Gott machen zu müssen.

Der hier gewählte Zugang über den „Rauch" ist so nicht explizit bei der Berufung Moses erwähnt, der brennende Dornbusch (im Koran: ein nicht weiter beschriebenes Feuer) legt diesen aber nahe, und er bildet in der biblischen Tradition eine gewisse Korrespondenz zur Rauch- und Feuersäule, durch die Gott sein Volk durch die Wüste führt.

Die Geschichte spiegelt einmal das Unheimliche der Gottesbegegnung – ein Feuer, das den Busch nicht (!) verzehrt – aber auch die Zumutung, die in einer so gewichtigen Beauftragung liegen bzw. empfunden werden kann.

---

3 Als Ausnahme ist – nach der Mehrheitsmeinung – Mohammed bei seiner Himmelsreise Gott so nahe gewesen, dass er ihn auch gesehen hat (Sure 53,9).

Was wir brauchen

Violettes Tuch, Kerze, Glocke, eingewickelte Bibel, trockene Äste, Streichhölzer, ein Metalltablett für die brennenden Äste, Foto V4.1 (evtl. groß kopiert), die Arbeitsblätter M11 bis M13, Tageslichtprojektor für ein Schattenspiel.

Wie wir vorgehen

Erarbeitung im Stuhlkreis

Der Fokus soll hier zunächst auf die Bibel als heilige Schrift gelenkt werden. Sie liegt in einem schönen (dicken) Exemplar auf dem Boden auf einem lila Tuch oder darin eingewickelt und kann bestaunt und mit den Sinnen wahrgenommen werden. (Hinweis: Wenn in der Schule kein großes Exemplar vorhanden ist, kann man auch in der Kirchengemeinde fragen).

 Sagen Sie den Kindern, dass eine Geschichte dieses Buches im Mittelpunkt stehen wird, und ermutigen Sie sie, das Buch mit verschiedenen Sinnen wahrzunehmen (sehen, fühlen, riechen).

Beispiel

Mirjen Krinke, 9 Jahre, sagt: „Ich liebe den Geruch alter Bücher. Wenn ich eines sehe, schlage ich es auf und rieche zwischen den Seiten."

 „Vielleicht haben einige von euch noch ein schönes altes Exemplar zu Hause ..." – (Eventuell:) „Wer will, kann das nächste und übernächste Mal eine Bibel mitbringen. Vielleicht können wir einige davon eine Woche lang hier behalten und eine Ausstellung damit machen."

 Erinnern Sie an die Versuche öffentlichen Rufens in der letzten (?) Stunde. Sagen Sie an, dass es diesmal um ein anderes Rufen gehen wird, ein Rufen, von dem in der Bibel erzählt wird:
Gott ruft einen Menschen. – „Und um einen besonderen Geruch geht es auch."

 Lassen Sie die Kinder die Augen schließen und fordern Sie sie zum „Schnuppern" auf („Bitte, nicht gleich die Augen aufmachen, wenn ihr wisst, was es ist. Einfach riechen.") –

Verbrennen Sie kleine, trockene (!) Äste oder Holzstücke. „Es ist einfach zu riechen, aber gar nicht so einfach einen Geruch zu beschreiben. Versucht es…" Dazu dürfen die Kinder die Augen wieder öffnen.

 Zünden Sie die Kerze an. Schlagen Sie die Glocke an. Legen Sie das Bild von Lea, ihrer Mutter und Kazim hin (V 4.1); dazu kann folgendermaßen erzählt werden:

Auf dem Bild seht ihr Leas Mutter. Sie liest gerade eine Geschichte aus der Kinderbibel vor. Es geht um einen Menschen, den Gott gerufen hat. Ihr werdet in der Geschichte den Geruch wieder finden, den ihr eben gerochen habt. Kazim und Lea hören gut zu:

„Ich möchte euch die Geschichte von Mose vorlesen," sagt Leas Mutter.
Kazim sagt: „Von Mose habe ich schon gehört, das ist bei uns ein Prophet."
Lea weiß schon etwas über ihn: „Mose gehörte zu den Israeliten.
Die waren arm und lebten damals in Ägypten als Sklaven."
Leas Mutter stimmt zu.

„Die Israeliten mussten damals alles tun, was die Ägypter wollten.
Sie mussten zum Beispiel Paläste für die reichen Ägypter bauen.
Viele Israeliten waren unglücklich und beteten zu Gott:
„Hilf uns hier raus. Uns geht es so schlecht. Wir möchten raus aus Ägypten und frei sein."
Aber es schien so, als ob Gott nicht hörte.

Mose ging es besser, er wuchs am Hof des ägyptischen Königs auf.
Aber er sah, wie schlecht es seinen Landsleuten ging.
Einmal sah er, wie ein ägyptischer Aufseher einen Israeliten ungerecht behandelte.
Er war so wütend, dass er auf den Aufseher einschlug.
Der Aufseher starb durch die Schläge.
Da musste Mose fliehen. Er floh in eine Wüstengegend und lebte dort als Hirte.

Eines Tages hütete Mose Schafe.
Auf der Suche nach frischem Gras für die Tiere ging er weit in die Wüste hinein
und kam zum Berg Gottes.
Da stieg ihm ein Geruch in die Nase. Es war Geruch von etwas Brennendem, von Rauch.
Er sah sich um und sah einen Dornbusch, der brannte und doch nicht verbrannte –
eine wunderbare Erscheinung.

Als er vorsichtig näher kam, hörte er eine Stimme. Die Stimme rief:
„Mose, Mose. Zieh deine Sandalen aus. Der Boden, auf dem du stehst, ist heilig."
Mose gehorchte der Stimme und zog seine Sandalen aus.
Er fragte sich: „Was mag das zu bedeuten haben? Wer spricht denn da?"

Die Stimme rief weiter: „Ich bin der Gott deiner Großväter und deiner Großmütter,
der Gott deiner Vorfahren.
Geh zurück nach Ägypten.
Ich habe die Not des Volkes Israel dort gesehen und ihre Bitten gehört.
Führe das Volk Israel heraus aus Ägypten."

Mose war unsicher: „Wer bist du denn genau?
Wie kann ich das tun, wenn ich nicht genau weiß, wer du bist?
Und die Israeliten werden mich bestimmt fragen: Wer ist denn dieser Gott?
Was soll ich ihnen denn erzählen?"

Gott antwortete wie in einem Rätsel: „Ich bin für euch da, wie ich immer für euch da sein
werde. Sag ihnen, der *Ich-bin-für-euch-da* hat mich geschickt."
Und Gott fuhr fort: „Also mach dich auf! Ich will euch in ein neues Land führen,
das von Milch und Honig überfließt."

Mose zögerte: „Die Israeliten werden bestimmt nicht auf mich hören, sondern sagen: Das
stimmt doch alles nicht."
Gott sagte: „Hier hast du auch noch eine Hilfe, um die Israeliten zu überzeugen.
Was hast du da in der Hand?"
„Einen Stock."
„Wirf ihn auf die Erde."
Mose tat es und eine Schlange ringelte sich über den Sand. Mose sprang entsetzt weg.
„Jetzt nimm sie am Schwanzende auf."
Auch das tat Mose und sie wurde wieder zum Stock.

[Gott sagte: „Steck jetzt deine Hand in die Falte deines Umhangs."
Mose tat es. Und als er sie herauszog, war sie voll von Ausschlag und weißen Schuppen.
„Steck sie wieder hinein", sagte Gott.
Mose tat es und als er sie wieder herauszog, war sie wieder gesund.]

„Durch diese Zeichen werden sie dir glauben", sagte Gott.

Doch hatte Mose noch einen Einwand gegen seinen Auftrag: „Ich kann so schlecht reden.
Es fällt mir so schwer. Ich bin der Falsche für den Auftrag."
Gott sagte: „Dann wird dein Bruder Aaron dir helfen. Der kann gut reden. Wenn du zurück-
kehrst nach Ägypten, werde ich dafür sorgen, dass er dir entgegengeht. Außerdem helfe ich
euch beiden. So, jetzt nimm den Stock und mach dich auf."

Leas Mutter klappt die Bibel zu und legt sie vor die beiden hin. Dann sagt sie:
„Mose hat dann alles so gemacht, wie Gott es ihm gesagt hatte. Er hat den Israeliten wirklich
aus Ägypten herausgeholfen. Sie kamen frei und fanden eine neue Heimat.
Aber das ist eine andere lange Geschichte.

Die Geschichte von Mose wurde bald weitererzählt und dann aufgeschrieben in unserer heiligen Schrift, der Bibel."
Kazim sagt: „Ich kenne die Geschichte. Sie ist bei uns ganz ähnlich.
Mir gefällt besonders ..."

 Schlagen Sie wieder die Glocke an und löschen Sie die Kerze. In einem ersten spontanen Nachgespräch machen die Kinder Vorschläge, was wohl Kazim besonders gefällt. Sie beschreiben auch ihre eigenen Eindrücke.

Beispiel

„Ich stelle mir den Dornbusch sehr pieksig vor; das Feuer prasselt. Gott muss deshalb laut rufen, damit Mose ihn versteht."

Lea, 9 Jahre

Sicherung

Die Wortschatztabelle wächst um das Stichwort „Bibel".

G) Der Gebetsruf erklingt vom _____.	H) Sie klingen vom _____.
	J) Die _____ ist die heilige Schrift von Lea und allen Christen.

Vertiefung „Mose"

 „Erzählt einander Geschichten von Feuer. Nehmt anschließend ein großes Blatt Papier und teilt es in zwei Hälften. Auf die linke Seite malt oder schreibt ihr, was euch zu einem richtigen *normalen* Feuer eingefallen ist. Auf die rechte Seite malt und schreibt ihr, was bei dem brennenden Dornbusch, den Mose sah, anders und besonders war. Denkt euch für beide Seiten eine aussagekräftige Überschrift aus."

Zu zweit: „Mose kehrte zu Jitro, dem die Schafe gehörten, zurück. Er packte gleich seine Sachen. Da fragte Jitro verwundert: ...; entwickelt ein Gespräch zwischen Jitro und Mose, in dem Mose davon erzählt, wie Gott ihn gerufen hat. Anschließend beraten die beiden, ob Mose auf Gott hören soll."

 Gott hat für seine Erscheinung einen brennenden Busch gewählt. Das hat sicher eine Bedeutung ...

Beispiel für Assoziationen, die sich einstellen

Gottes Licht ist wie eine Kerze. – Es wird noch gefährlich. – Der Weg ist dornig. – Ihr werdet lagern und zelten. – Gott wärmt euch, aber er verbrennt euch nicht.

 „Schreib los (du bist Mose): Da sehe ich diesen Busch. Er brennt, aber er verbrennt nicht. Ich trete näher ..."

 Mit M11 kann die Geschichte als Schattenspiel nachgespielt werden. Ab Klasse vier kann dabei die Frage zur Sprache kommen: Was für eine Darstellung von Gott ist möglich und angemessen? Als Lied im Rahmen des Spiels eignet sich „Als Israel in Ägypten war", deutsch nach einem Spiritual (M12).

Vertiefung „Bibel, biblische Bilder"

 Die Bibel ist für Christinnen und Christen ein sehr kostbares Buch, weil es so viele Erfahrungen von Menschen mit Gott enthält. Gestalte einen passenden Bibel-Umschlag.
Ein mögliches Motiv wäre die Mosegeschichte, z.B. mit M13.

 Für mich ist die Bibel ... – Fragt Menschen in eurem Umkreis, was ihnen die Bibel bedeutet und welche Geschichten ihnen wichtig sind (Anregungen auf M14).

Lea sagt: Die Bibel ist für mich ...

Tafel-Impulse „Glaube"

 „Ich frage mich, was es wohl bedeutet, dass Mose die Schuhe ausziehen sollte?" (evtl. Schreibgespräch in Tischgruppen)

 „Spricht Gott heute noch zu Menschen? Macht er es wie bei Mose oder ganz anders?
Wie könnte das sein? Wie könnte er mit dir sprechen, dich rufen?" (Die Kinder gestalten ihre persönliche Fantasie frei – malen, schreiben, Geräusche ...).

 Alternative: Zünden Sie die Zweige noch einmal an. Die Kinder sollen die Augen schließen und sich die Szene am brennenden Busch vorstellen. „Angenommen, Gott spricht zu dir ..."

 Ergebnisse der Kinder werden an die violette Wand gehängt, evtl. auch das Foto einer Bibel oder später Fotos von weiteren mitgebrachten Bibeln der Kinder.

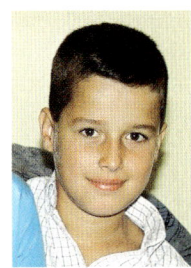

Wie Mohammed berufen wurde. Kazims Vater erzählt

Mohammed ist nach dem Glauben der Muslime zunächst einmal der Überbringer der Worte Gottes. Nicht er, sondern das göttliche Wort steht im Zentrum. Daher ist es sachlich falsch, von „Mohammedanern" zu sprechen.

Dies ist ein zentraler Unterschied zu Jesus Christus, der als Person Zentrum des christlichen Glaubens ist, da in seinem Handeln, seinen Reden, seinem Sterben und seiner Auferstehung nach christlichem Glauben Gott selbst erkennbar wird.

Mohammed wurde 569 geboren und wurde früh Waise. Aufgezogen von einem Onkel, trat er bald in den Dienst der wohlhabenden Witwe Khaditscha (Ḥadīǧa), die er später heiratete. Bei einer spirituellen Übung am Berg Ḥirā hatte er ein erstes Offenbarungserlebnis, das unten erzählt wird. Ähnliche Offenbarungserlebnisse wiederholten sich in unregelmäßigen Abständen und verbanden sich mit einzelnen Botschaften.

Nach dem Glauben der Muslime sind diese Botschaften Gottes Wort. Sie wurden Mohammed durch den Engel Gabriel überbracht und er wiederum wiederholte sie vor seinen Anhängern. Diese behielten den Wortlaut im Kopf und schrieben die Worte auf. Die

Schriftstücke wurden später gesammelt und in einem Buch zusammengestellt: dem Koran.

Durch Gabriel, durch Mohammed und durch die ersten Anhänger vermittelt, findet sich in diesem Buch also nach muslimischem Glauben Satz für Satz göttliches Wort. Dies verbindet sich mit der Vorstellung, dass letztlich bei Gott eine Urform dieses Buches sei, die Mohammed Stück für Stück übermittelt wurde und von der jeder Koran sozusagen eine Abschrift darstelle.

Die Offenbarungssätze an Mohammed waren arabisch. Insofern ist es für Muslime wichtig, Gottes arabische Worte in ihrer originalen Sprachgestalt zu bewahren. So wird in Gebeten die unveränderte alte arabische Formulierung beibehalten. Der Koran gilt den Muslimen nur auf Arabisch als „echt", da jede Übersetzung schon einen Eingriff und eine Abwandlung des göttlichen Wortlautes darstelle.

Jeder arabisch geschriebene Koran genießt hohe Verehrung, die sich in verschiedenen, zum Teil landschaftlich unterschiedlichen Formen ausdrücken kann. Zum Beispiel wird der Koran oft im Bücherregal an oberster Stelle aufbewahrt, denn er steht in seiner Würde über allen anderen Büchern. Viele Muslime waschen sich rituell, bevor sie Gottes Wort in Buchform berühren, um ihre äußere, aber auch innere Reinheit gegenüber seinem Wort auszudrücken. Kaum ein Muslim würde einen Koran einfach auf den Boden legen.

Die Geschichte der ersten Offenbarung an Mohammed wurde erst nach 100 Jahren in einem Geschichtswerk aufgeschrieben; dennoch dürfte sie im Wesentlichen historisch authentisch sein.[4]

In dieser Stunde gilt es nicht nur, eine Geschichte und das dazugehörige Wissen zu vermitteln, sondern zugleich die Ehrfurcht vor der heiligen Schrift der Muslime und der Geschichte ihrer ersten Offenbarung als Haltung gegenüber dem Heiligen spürbar und nachvollziehbar zu machen.

4 Die Geschichte wurde von einem Neffen der Lieblingsfrau des Propheten Mohammed überliefert, vgl. die Übersetzung bei Watt/Welch (1980), S. 53f. Innerhalb des Korans ist noch von folgenden Berufungen anderer Propheten die Rede:
ohne Erzählstruktur: Moses: 19 (Sure)/52 (Vers), Idris u.a. : 19/56-57, 4/163-165; andere: 6/84-86, 2/253; Abraham: 29/31, 37/104, 2/131, 2/125;
mit klarer Erzählstruktur: Maria: 3/42, 3/55 ; Mose und Aaron: 25/36, Sure 20 etwa ab Vers 16 ff., 26/9 ff.; Noah: 11/36, 23/27; Abraham, Lot u.a.: 2/124-127, 2/ 131, 11/69, Anfang der Sure 26, 22/26-27, 77/81; vgl. Josephs Traum: Sure 12 Anfang (Nurcan Karatepe).

Was wir brauchen

Grünes Tuch, Koran, Stativ oder Holzkasten als Erhöhung für den
Koran, Rekorder, Ruf zum Gebet (A1/A2), Foto V2.1 (evt. größer
kopiert), Sure 96 (A3), Arbeitsblätter M15 bis M19, Foto eines
Korans M20.

Wie wir vorgehen

 Die mitgebrachten Bibeln werden kurz gewürdigt, um das nächste
Mal thematisch aufgenommen zu werden, evtl. können Sie noch-
mals an die geplante Ausstellung erinnern.

Erarbeitung im Stuhlkreis

 „Kazim kennt die Geschichte von Mose auch, er kennt sie aber nicht
aus der Bibel, sondern aus einem Buch, das für Kazim und alle Muslime wichtig ist."

Auf dem grünen Tuch auf dem Boden liegt etwas erhöht ein einge-
schlagener Koran (am besten auf einem Koranständer oder zum
Beispiel auf einem Holzkasten, nicht auf dem Boden selbst). Die
Lehrerin oder ein Kind wickeln ihn vorsichtig aus. Dazu gibt es folgende Erklärung:

„Dieses Buch heißt Koran. Der Koran ist etwas sehr Besonderes für Muslime. Wir schlagen
ihn deshalb nicht einfach so auf. Wir legen ihn nicht auf den bloßen Boden.
   Manche Muslime waschen sich rituell, bevor sie darin lesen, andere schlagen ihn in ein
eigenes Tuch, um ihn nicht direkt anzufassen.
   Im Bücherschrank steht er oft an oberster Stelle. Ich habe ihn hier extra etwas erhöht hin-
gelegt.

Machen Sie die Ehrfurcht/die Würde, mit der dem Koran begegnet
werden soll, zum Thema. Verabreden Sie einen kleinen „Ritus" des
Umgangs mit dem heiligen Buch einer (anderen) Religion.

 Die Erzählung wird eingeleitet durch den Ruf zum Gebet, weil diese
Geschichte zu Kazim gehört (A3). Dazu wird das Foto von Lea,
Kazim und seinem Vater (V2.1) sichtbar.

Kazim sagt: „Die Geschichte von Mose steht auch im Koran."

Kazims Vater erzählt: „Der Koran ist die heilige Schrift von uns Muslimen.
Darin ist Gottes Wort aufgeschrieben. Der Prophet Mohammed erhielt Gottes Wort
durch den Engel Gabriel.
Hört, wie der Engel das erste Mal zu Mohammed kam.

Mohammed lebte zusammen mit seiner Frau Khatidscha und seinen Kindern in Mekka,
einer Stadt in der arabischen Wüste.
Dort gab es Menschen verschiedener Religionen, Sprachen und Sitten.
Manche glaubten an einen einzigen Gott, manche an mehrere Götter
und für einige gab es keine Gottheit.
Mohammed und seine Frau gehörten zu jenen, die an einen einzigen Gott glaubten.
Jeder in der Stadt kannte sie als gute Menschen.

Jedes Jahr im Monat Ramadan zog Mohammed sich auf den Berg Hirā zurück und dachte in
einer Höhle über die Welt nach und über Gott. Manchmal verbrachte er sogar mehrere Tage
dort, bis die Lebensmittel, die er mitnahm, alle verzehrt waren. Er überlegte: „Wie könnte ich
die Menschen zu mehr Liebe und Geschwisterlichkeit einladen?"

Kurz vor seinem 40. Geburtstag machte er eine ungeheure Erfahrung. Wieder war er auf dem
Berg Hirā für sich allein, da rief ihn eine Stimme bei seinem Namen: „Mohammed!"
In der Dunkelheit war weit und breit niemand zu erkennen.
Mohammed fühlte, wie sein Herzschlag schneller ging.
„Wer ist da?" fragte er.
Es kam keine Antwort.
Sein Herz schlug noch schneller: „Wer mag das sein?"

Plötzlich wurde es hell um ihn und er verlor das Bewusstsein.
Als er wieder zu sich kam, sah er eine leuchtende Gestalt.
Nein, ein Mensch konnte es nicht sein.
Die Gestalt näherte sich ihm und forderte ihn auf:
„Lies, im Namen deines Schöpfers und Versorgers, der dich erschuf, lies!"
„Ich kann nicht lesen", antwortete Mohammed.
Daraufhin drückte das Wesen Mohammed fest an sich, bis ihm fast die Luft ausblieb.
Die Gestalt wiederholte ihre Aufforderung:
„Lies, im Namen deines Schöpfers und Versorgers, der dich erschuf, lies!"
Aber Mohammed sagte wieder: „Ich kann nicht."
Und ein drittes Mal sagte die Gestalt:
„Lies, im Namen deines Schöpfers und Versorgers, der dich erschuf, lies!"
Und auch dieses Mal konnte Mohammed es nicht.
Er konnte wirklich nicht lesen und wusste nicht, weshalb er drei Mal so fest gedrückt wurde.

Ein viertes Mal kam die Aufforderung nicht, denn das Wesen trug selbst etwas vor, etwas auf Arabisch, etwas in Mohammeds Sprache.
Es waren fünf Sätze.
Als die Gestalt zu Ende sprach, hörte sich Mohammed selbst diese fünf Sätze sprechen.
In großer Aufregung rannte er nach Hause.

Er musste weg von hier und es seiner Frau erzählen.
Nein, Angst hatte er nicht, nur weg musste er doch.

Unterwegs hörte er wieder diese Stimme. „Du bist Mohammed, der letzte Prophet Gottes, und ich bin der Erzengel Gabriel", rief sie ihm zu.
Mohammed blickte nach oben und erkannte: Dieses Wesen war der Erzengel.

Zu Hause angekommen, bat er seine Frau Khatidscha darum, ihn zuzudecken, er musste sich etwas ausruhen. Khatidscha wartete und fragte ihn schließlich aus, was geschehen war.
So wurde Khatidscha der erste Mensch, der jenes Ereignis erfuhr.
Mohammed hatte ähnliche Erlebnisse bald wieder.
Er erzählte sie seinen Freunden.
Seine Freunde schrieben dann die Worte des Engels auf und es entstand dieses Buch.

Auch heute noch kann jeder im heiligen Buch Koran nachlesen, was der Erzengel Gabriel dem Propheten Mohammed in Gottes Auftrag mitteilte.

Nurcan Karatepe

Kazims Vater zeigt auf den Koran und fügt dann hinzu: So klingen übrigens die fünf Sätze, die Mohammed erhielt (**A3**).

Sicherung

Neuer Eintrag in die Wortschatztabelle: Koran.

I) Der _____ ist die ist die heilige Schrift von Kazim und allen Muslimen.	J) Die _____ ist die heilige Schrift von Lea und allen Christen.

Umschau „Mohammed und seine Lebenswelt"

 Vorab können Sie mit einer Karte und mit eigenen Dias auf die Landschaft hinweisen, in der Mohammed lebte; dies sollte aber nicht das Thema der Stunde, die Einführung des Korans, verdrängen.

Ich habe gute Erfahrungen in einer fünften Klasse damit gemacht, erst den Koran einzuführen, dann eine Karte Europas und des nahen Ostens mit Arabien zu zeigen und erst in der Erzählung Bilder zur arabischen Landschaft zu zeigen.

(Eine fertige Diareihe hat Hubertus Halbfas veröffentlicht; allerdings ist der Text von Halbfas z.T. sehr von seinen religionspädagogischen Interessen geprägt.)

Vertiefung „arabisch Schreiben"

 „Diese Geschichte wird bei den Muslimen nicht gemalt, weil sie so etwas Besonderes ist.

Stattdessen kann ein Ausschnitt der Geschichte in arabischer Schrift gezeigt werden. Muslime malen statt Bildern die Schrift besonders schön und verzieren sie."

 M15 zeigt verschiedene Möglichkeiten, das arabische Wort für „Gott" zu schreiben. – „Wähle eines aus und ahme den Schwung nach.

Das Wort wird in der arabischen Sprache „Allah" ausgesprochen. Das bedeutet einfach „Gott". Auch Christen in Arabien sagen „Allah".

 ■ Das Wort Allah in der Wortschatztabelle:

M) Gott heißt auf arabisch	N) Christen in Deutschland sagen
_____.	_____.
Christen in Arabien und Muslime benutzen dieses Wort.	

„Den Muslimen ist ganz wichtig, dass kein Tier und kein Mensch zu einem Gott gemacht wird. Daher wurde es traditionell bevorzugt, Tiere und Menschen nicht zu malen. So wurde das schöne Malen von Buchstaben und Verzierungen bei Muslimen zu einer eigenen Kunst."

M16 und M19 geben Beispiele, die auch nachgemalt werden können. Das Muster auf M17 lässt sich ausschneiden und mit anderen Mustern zu einem Großmuster für die Klassenwand kombinieren. Bildblatt M18 zeigt die Originalmuster.

Vertiefung „Glauben"

 Teilen Sie Bildblatt M19 aus. Zu den ganz wenigen Bildern von Gegenständen und Tieren gehört dieser Versuch, sie durch arabische Buchstaben zu malen. Die Buchstaben handeln von Gott und auch das, was da bildlich dargestellt ist, soll etwas von Gott zum Ausdruck bringen. Fragen Sie die Kinder, was dargestellt ist und was damit von Gott ausgesagt wird.

 Zu zweit: Erfindet ein eigenes Buchstabenbild, das eine Aussage über Gott macht, die euch wichtig ist.

 Ergebnisse werden diesmal an die grüne Wand geheftet, mit einem Foto eines Korans (M20).

Gott ruft Samuel. Leas Mutter erzählt

Die Geschichte von Samuel bringt das Moment des Rufens wieder deutlicher ins Spiel. Auch hier kann ein Geruch aufgenommen werden. Dadurch, dass von einem Propheten erzählt wird, der in der christlichen und muslimischen Tradition weniger prominent ist als Mose und Mohammed, ist es leichter, einen Übergang zu eigenen Geschichten der Kinder (in der Folgestunde) zu schaffen. Auch vom Alter her ist der junge Samuel den Kindern näher.

Samuel wird im Koran nicht namentlich genannt. Sure 2,246 nimmt auf ihn als „einen ihrer Propheten" Bezug.

Als Geruch haben wir Weihrauch ausgewählt. Wie der Rauch des brennenden Dornbuschs wird auch der Weihrauch in 1 Sam 3 nicht eigens erwähnt. Der Ort der Berufung ist aber das „Heiligtum des Herrn, wo die Lade Gottes war" (1 Sam 3,3), die „Hütte". Dorthinein gehörten neben der tragbaren Bundeslade unter anderem ein tragbarer Räucheraltar und ein weiterer Altar, auf denen Weihrauch verbrannt wurde (vgl. 2 Mose 30,1).

Weihrauch kann man von jeder katholischen Ortsgemeinde bekommen. Er sollte auf einem festen Untergrund verbrannt werden. Den Weihrauchduft gibt es auch im Bioladen als Duftöl – allerdings dann ohne dramatischen Rauch.

Versuchen Sie den Schülerinnen und Schülern deutlich zu machen, dass eine Begegnung mit Gott eine ernst zu nehmende Möglichkeit ist, auch wenn es wenige Menschen konkret erleben.

Was wir brauchen

Violettes Tuch, Kerze, Glocke, Weihrauch, Metalltablett, Streichhölzer, Foto V4.1 (evtl. groß kopiert). Das Bild einer Bibel M21. Arbeitsblatt mit „Fragen an Berufene" M22.

Wie wir vorgehen

Erarbeitung im Stuhlkreis

In der Mitte liegt das violette Tuch, darauf die mitgebrachten Bibeln.

 Beginnen Sie ein Gespräch über die Bibeln; ermutigen Sie zum vorsichtigen Blättern, zum Vergleichen, zum Erzählen von Erfahrungen mit Bibeln (Wann werden sie verschenkt, vorgelesen usw.?).

 „Zu einer Geschichte der Bibel habe ich wieder etwas zum Riechen und Raten mitgebracht. Schließt dazu bitte wieder die Augen ..." Verbrennen Sie den Weihrauch, sammeln Sie die Assoziationen der Kinder (eventuell aufschreiben). „Zu diesem Geruch erzählt Leas Mutter noch eine Geschichte. Diesmal kommt ein *flüsterndes Rufen* darin vor."

Zur Vorbereitung der Erzählung werden die Kerze angezündet und die Glocke angeschlagen. Das Bild von Lea, ihrer Mutter und Kazim (V4.1) wird gezeigt/ausgelegt.

Kazim, Lea und ihre Mutter sitzen wieder zusammen.

Leas Mutter sagt: „Erinnert ihr euch an die Geschichte mit Mose? Wie Gott ihn rief?"
„Ich weiß auch, wie es weitergegangen ist", sagt Lea. „Mose hat das Volk Israel aus Ägypten geführt und sie aus der Sklaverei befreit. Dann sind die Israeliten durch die Wüste gewandert.
Dort bekamen sie von Gott die zehn Gebote."
Leas Mutter stimmt zu: „Sie verwahrten diese Gebote als Geschenk Gottes in einer großen, kostbaren Kiste, der *Lade*.
Und schließlich kamen die Israeliten in ihrem neuen Land an.
Die *Lade* Gottes mit den Gebotstafeln stellten sie als besonderes Geschenk an einen heiligen Platz mit einem Altar. An diesem Ort spielt eine weitere Geschichte, in der Gott einen Menschen ruft. Die möchte ich euch aus der heiligen Schrift vorlesen."

Und Leas Mutter schlägt die Bibel auf und liest:

An diesem heiligen Platz wohnten der alte Priester Eli
und der ganz junge Priester Samuel, der noch fast ein Kind war.
Aber dort wohnten auch die Söhne des alten Priesters
und diese Söhne ärgerten die Menschen, die zum Altar vor der Lade gingen.
Sie nahmen den Menschen Essen weg, störten die Gebete und
machten so ihren Gottesdienst kaputt. Sie machten sich lustig über Gott.
Aber der alte Priester Eli wusste nicht, was er mit seinen Söhnen machen sollte,
und der junge Priester Samuel war noch zu jung.

Eines Tages legte sich der junge Samuel im Heiligtum ganz nah zu der Lade
und der alte Eli legte sich an seinem Ort außerhalb des Heiligtums zur Ruhe.
Im Heiligtum war es dunkel und ein leichter Duft nach Weihrauch lag in der Luft.
Mit diesem Duft schlief Samuel ein.
Da rief ihn GOTT mit einem flüsternden Rufen: „Samuel! Samuel!"
Samuel wachte auf, sah sich um und antwortete: „Hier bin ich!"
Er sah niemanden und lief schnell hinaus zu Eli: „Hier bin ich, du hast mich gerufen."
Eli aber sprach: „Ich habe nicht gerufen. Leg dich wieder schlafen."

Samuel ging also zurück und legte sich wieder hin.
Die Dunkelheit umgab ihn – und der Duft.
GOTT rief aber noch einmal: „Samuel! Samuel!"
Samuel stand erneut auf, ging zu Eli und sagte: „Hier bin ich. Du hast mich gerufen."

Eli sagte wie vorher: „Ich habe nicht gerufen. Leg dich wieder schlafen."

Samuel verstand einfach nicht, dass GOTT ihn gerufen hatte und nicht Eli.

Da rief GOTT Samuel zum dritten Mal und er stand auf
und ging zu Eli und sagt wieder: „Hier bin ich. Du hast mich gerufen."
Da merkte Eli endlich, dass GOTT den Jungen gerufen hatte und er sagte:
„Geh, leg dich schlafen und wenn er dich ruft, sprich: Rede, GOTT, dein Knecht hört."
Also ging Samuel hin und legte sich an seinem Ort wieder schlafen.

Also rief GOTT noch einmal wie vorher: „Samuel! Samuel!"
Und jetzt antwortete Samuel: „Rede GOTT, dein Knecht hört."
Und GOTT sprach zu Samuel: „Ich will großen Ärger in Israel machen,
so dass jedem, der davon hört, die Ohren gellen (klingen) werden.
Die Söhne Elis machen sich lustig über mich und Eli verhindert es nicht.
Das kann so nicht weitergehen.
Es wird etwas Schlimmes geschehen."

Und Samuel hörte es und schlief weiter bis zum Morgen.
In der Frühe öffnete er die Tür. Frischer Wind kam herein und helles Licht.
Aber Samuel fühlte sich nicht danach. Er hatte ein ungutes Gefühl:
Wie sollte er Eli die schlechte Botschaft Gottes erzählen?
Eli rief ihn aber und sagte:
„Sag mir alles, was GOTT gesagt hat und wehe du verschweigst etwas."
Also erzählte Samuel alles.
Nachdem Samuel geendet hatte, sagte Eli:
„Gott hat es gesagt, er wird tun, was er beschlossen hat."

Und tatsächlich geschah es, dass es schlimmen Krieg gab in Israel
und die Lade mit den 10 Geboten Gottes von den Feinden geraubt wurde.
Für viele Tage und Wochen blieb sie bei den Feinden,
bis Gottes Geschenk wiedergeholt werden konnte.
Die Söhne Elis starben aber im Krieg mit den Feinden.

In dieser schwierigen Zeit wurde Samuel erwachsen
und Gott rief ihn immer wieder und sprach mit ihm.
Daran erkannten alle Leute, dass Samuel der neue große Priester Gottes war.
Samuel wurde im ganzen Land bis ins hohe Alter geehrt.

Leas Mutter schaut auf und macht die Bibel zu.
Kazim sagt: „Diese Geschichte kannte ich noch nicht."

Die Glocke wird geschlagen und die Erzählkerze ausgepustet.

Vertiefung: Samuel

 Regen Sie ein Gespräch über „Traum" und „Wirklichkeit" an: „Es gibt Situationen, in denen man nicht weiß: Habe ich geträumt oder war das „echt" ...?

 „Ihr habt den Weihrauch gerochen und die Geschichte gehört – gibt es Verbindungen zwischen dem Geruch und der Handlung?"

 „Eine Schülerin sagte, nachdem sie die Geschichte zum ersten Mal gehört hatte: Samuel hört – und hört doch nicht. Er braucht den alten Eli als Hörrohr. – Wie meint sie das?"

 „Er hört und hört doch nicht – tut euch zu dritt zusammen und spielt mit Gesten und ohne Worte, wie Gott viermal Samuel ruft und erst beim vierten Mal seine Botschaft verkündigen kann."

Vertiefung „Berufung"

 „Informiert euch über Leute, die sich auf ihre eigene Weise von Gott gerufen fühlen. Befragt dazu Priester und Pastoren und andere sozial tätige Personen."
   (Solche Interviews sind für Klasse 4 aufwärts geeignet und sollten gemeinsam geplant werden, z.B. mit M22.)

Vertiefung „Glaube"

 „Rauch und Weihrauch habt ihr als ‚Gottes Duft' kennen gelernt. Welcher Geruch oder welches andere sinnlich wahrnehmbare Zeichen würde deiner Meinung nach noch zu Gott passen? Umschreibe es so, dass die anderen raten können."

 Fordern Sie die Kinder auf, zur nächsten Stunde einen Lieblingsgeruch von zu Hause mitzubringen.

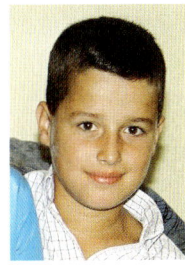

Einen Riecher für Gott

Sinneswahrnehmungen unterstützen nicht nur das Aufnehmen und Merken von verbalen Informationen, sie betten diese auch ein, geben ihnen einen emotionalen Rahmen und eine unverwechselbare Atmosphäre. Wer hat sich nicht schon einmal jäh an ein weit zurückliegendes Ereignis erinnert, nur weil unverhofft ein bestimmter Geruch in seine Nase stieg? Wir haben zum Thema „Gott ruft …" bewusst mit Düften gearbeitet. Um diesen Ansatz auszubauen, sollen die Kinder zum Schluss eigene Verknüpfungen finden und damit experimentieren.

Am besten bilden Sie hierzu Kleingruppen: Gerüche lassen sich besser mit wenigen wahrnehmen und bedenken als im Durcheinander vieler verschiedener Impulse und Stimmen.

Was wir brauchen

Die von den Kindern mitgebrachten Düfte und zur Sicherheit noch die, auf die es Ihnen besonders ankommt. Arbeitsblatt M23 und M24.

Wie wir vorgehen

 Machen Sie aus den mitgebrachten Düften und Gerüchen zunächst ein Ratespiel.

Jedes Kind stellt seiner Gruppe seinen Duft vor: Der Duft wird herumgereicht und mit geschlossenen Augen wahrgenommen und (wenn möglich) – nachdem alle gerochen haben – benannt. Die Kinder erzählen sich kurze Geschichten zu ihren Gerüchen: „Ich rieche xy und denke daran, dass…"

Beispiel: „Ich rieche Rosen und denke daran, dass Mama sich immer so freut, wenn Papa ihr einen Rosenstrauß schenkt."

Die Gruppen erhalten M23 und damit die Aufgabe, a) zu bestimmten Botschaften, die Gott einem Menschen ansagen will, einen passenden Geruch zu finden, bzw. b) zu vorgegebenen Gerüchen Botschaften zu „erfinden". Sie sollen jeweils eine Spielszene entwickeln, in der die Botschaft überbracht wird und die Anknüpfung an den Geruch deutlich wird.

 Nicht so kreative Gruppen erhalten das Arbeitsblatt M24 mit den Botschaften und Düften als Kärtchen mit Düften zum Ausschneiden. Sie ordnen die Duftkärtchen den Botschaftskärtchen zu und begründen ihre Zuordnung. Sie spielen eine Szene oder malen ein Bild, worin sich Botschaft und Duft verknüpfen.

 Diskutieren Sie zum Schluss: „Was meint ihr zu der Aussage: Irgendwann in seinem Leben wird jeder Mensch von Gott gerufen?"

3 | Religion vollziehen

Was Sache ist

„Wie üben Christen und Christinnen eigentlich ihre Religion aus, wenn nicht gerade Weihnachten ist?" Viele Menschen kennen heute kaum mehr religiöse Vollzüge, geschweige denn, dass sie sie Andersgläubigen beschreiben könnten.

Christsein und Muslimsein ist aber nicht nur etwas für die Behörden und das Innere des Kopfes, sondern verbindet sich mit ganz bestimmtem Handeln – ein Beispiel ist das Beten.

Das Gebet ist Anrufen Gottes und auch immer Antwort auf Gottes Ruf und Gottes Aufforderung, mit ihm zu sprechen. Letztlich ist das ganze Leben immer ein Stück Antwort auf Gottes Ruf und meine Art, mit ihm umzugehen.

Das Verständnis, wie man Gott recht antwortet und antworten kann, ist vom Charakter her im Christentum und Islam unterschiedlich.

Die islamische Tradition hält fest: Der Mensch ist gerufen, aus seinem freien Willen und uneingeschränktem Vermögen heraus Gottes Wort Folge zu leisten. Es geht einmal um einen inneren Vorgang, das „Gott-Ergeben-Sein" (das ist übrigens die Bedeutung von „Islam"), aber auch um eine ganz konkret äußere Erfüllung von Pflichten: Zeit und Häufigkeit eines Pflichtgebets stehen fest (s.u.) und zum guten Handeln gibt es klare Anweisungen; z.B. soll – nach einigen Gelehrten – die Spendenhöhe für Arme 10 Prozent der Ernte oder 2,5 Prozent eigener Schmuckwaren betragen.

Leibliches Tun und inneres Handeln gehen im Gebetsablauf Hand in Hand. Die Waschungen vor dem Beten weisen auf ein inneres Rein-Werden. Im rituellen Gebet wird einem inneren Vorgang durch die Bewegungen leiblich Ausdruck verliehen.

Die christliche Tradition hält fest: Gott ruft die Menschen nicht zu einer festgelegten bestimmten Pflicht, sondern dazu, in Freiheit und Liebe seine Kinder zu sein. Sie sind berufen zur Gemeinschaft mit Christus (1 Kor 1,9), zum Frieden in Christus (Kol 3,15), zur Freiheit (Gal 5,13). Der Mensch braucht Gottes Hilfe zu diesem Schritt in den Glauben. Im Glauben versucht er dieser Liebe, der Freiheit und dem Frieden zu entsprechen. Dies kann geschehen in liebendem, verantwortlichem Handeln. Dies kann geschehen im freien Gespräch mit Gott, dem Gebet. Eine allgemeingültige Anweisung für Details, was wer wann im Gebet oder etwa beim Spenden tun sollte, gibt es nicht. Christliche Existenz ist gekennzeichnet durch das je eigene verantwortliche Handeln und durch den Versuch eines lebenslangen Gespräches mit Gott. Dies bleibt eine fortdauernde Bewegung auf Gott zu, ein Suchen und damit immer auch ein „Nicht-Fertig-Sein". Der Mensch bleibt dabei als Mensch im Gelingen und Versagen gerufenes und berufenes Kind Gottes.

Was die Schülerinnen und Schüler davon haben

Religionskundliche Kompetenz: Schülerinnen und Schüler können exemplarische christliche und muslimische Gebetspraxis beschreiben und sie im Rahmen von Gottes Ruf und menschlicher Antwort deuten.

Existenzieller Herzschlag: Schülerinnen und Schüler suchen für sich eine (vorläufige) Antwort: Will ich Gott antworten/mit ihm ins Gespräch treten? Und wenn ja: Wie könnte das leiblich und inhaltlich aussehen?

Kazim antwortet

Jede Muslima und jeder Muslim mit der nötigen geistigen Fähigkeit sollte ab der Pubertät fünf Mal am Tag ein rituelles Gebet durchführen („ṣalāt"; mit scharfem „s" gesprochen). Viele Kinder lernen das Gebetsritual schon während der Grundschulzeit von den Eltern oder Großeltern. Es besteht aus verschiedenen Körperhaltungen, die unten beschrieben werden, und damit verbunden aus der Rezitation von Koranversen. Das Gebet bringt die eigene Hingabe gegenüber Gott zum Ausdruck, es verherrlicht Gott und ist Bitte um seine Führung im Leben.

Wer mit dem Gebet vor Gott tritt, sollte äußerlich und innerlich rein sein. Symbolisch wird dies ausgedrückt durch Waschungen vor dem Gebet. Das Ausziehen der Schuhe und das Treten auf einen Gebetsteppich grenzt von der möglicherweise unreinen Umgebung ab.

Die Gebetsrichtung ist Mekka, genauer die Ka'ba in Mekka. Mekka symbolisiert das Zentrum der islamischen Gemeinschaft. Die Ka'ba ist inmitten der großen Moschee Mekkas ein leeres würfelförmiges Gebäude; Mohammed hatte alle Götzen daraus entfernt und so bezeichnet die Gebetsrichtung der Muslime auch die Ablehnung jeder Art des Götzendienstes. Die Ka'ba steht für den rechten Gottesdienst zu dem einen Gott, wie Mohammed ihn in dieser Stadt verkündigte.

Die heute vorgeschriebenen Gebetszeiten haben sich erst im Laufe der ersten Jahrzehnte der jungen muslimischen Gemeinde entwickelt.

Es gibt das *Morgengebet,* das zwischen der ersten Dämmerung und dem Sonnenaufgang ausgeführt werden sollte;
das *Mittagsgebet* sollte gehalten werden im Zeitraum zwischen dem Höchststand der Sonne und dem Zeitpunkt, wenn der Schatten eines Menschen die gleiche Größe erreicht wie er selbst;
zum *Nachmittagsgebet* bleibt danach Zeit bis zum letzten Stück Abendrot;
das *Abendgebet* wird nach dem letzten Abendrot verrichtet;
und das *Nachtgebet* kann bis kurz vor der ersten Dämmerung stattfinden, also in der Dunkelheit der Nacht.
Diese Gebete können bei Zeitproblemen zu einem günstigeren Zeitpunkt nachgeholt werden.

Die Muslime beten in der Form so, wie sie es beim Propheten Mohammed kennen gelernt haben. Die Haltung des Sadschda[1] [sprich: ßadschda – türkisch Secde] soll hier herausgegriffen werden. Indem der Muslim oder die Muslima den Kopf ganz bis auf den Boden senkt, drückt der Mensch aus, dass er gegenüber Gott nur ein kleiner Teil des Universums ist, aus Erdenstaub erschaffen. Die Haltung bildet so die innere Demut ab. In der Volksfrömmigkeit wird noch hinzugefügt, dass das Herz über dem Kopf mit seinem Verstand steht, also der Glaube und die Liebe zu Gott alles andere überschreiten sollen.

Der Mensch unterwirft sich unter Gottes Willen. Das Wort „Islam", also „Hingabe", findet hier seinen leiblichen Ausdruck. Diese innere wie äußere Haltung ist vielen westlichen Menschen fremd und verdient es gerade deswegen aufgenommen zu werden.

---

1 Nach der Umschrift aus dem Arabischen korrekt „sağda".

Was wir brauchen

Bilderserie V5.01–5.10, Projektor, Leinwand, Rekorder, Gebetsruf (A1). Arbeitsblätter M25/M26, Gebetsteppich, Kompass, Atlas.

Wie wir vorgehen

 Steigen Sie ein mit einem pantomimischen Spiel: Haltungen in bestimmten Hör- oder Sprechsituationen. Sie können einfachere und anspruchvollere Vorschläge je nach Lerngruppe auswählen.

 „Stell dir die folgenden Situationen vor und versuche, sie ohne Worte und Geräusche als Pantomime (nur mit Gebärden) darzustellen":
- Ein Fußballstar schießt ein Tor, hört nach dem Tor den Jubel in der Fankurve und reagiert darauf.
- Ein Urwaldforscher hört einen Paradiesvogel, sucht ihn, lauscht und versucht dessen Laute nachzumachen.
- Ein Popstar singt, dankt seinem Publikum und singt zum Abschluss seinen Superhit.
- Ein Dichter bemerkt eine zirpende Grille vor sich, hört ihr zu und denkt sich ein Gedicht für sie aus.
- Ein Untertan tritt vor seinen König und bittet ihn um ein Stück Land, auf dem er ein Haus bauen oder einen Baum pflanzen will.

Oder mit viel Fantasie:
- Ein Baum hört seinem eigenen Rauschen zu.
- Der kleine Zwerg bittet die schöne Fee zum Tanz.
Die Pantomimen werden vorgespielt.

 „Stell dir vor, du sprichst mit einem Menschen, den du sehr magst. Drücke mit deiner Haltung und Gebärden aus: Ich finde dich gut, du bist wichtig für mich. Spiele eine solche Szene vor."

 „Stell dir vor, du sprichst mit Gott und sagst ihm, dass du heute seine Hilfe brauchst. Wie sieht das aus?"

 Präsentieren Sie die Bilderserie V5.1–5.10; lesen/erzählen Sie dazu Folgendes (Die eingeklammerten Texte empfehlen sich mehr für Klasse 5–6):
   „Heute möchte ich euch erzählen, wie sich Kazims Gespräch mit Gott in seiner Haltung ausdrückt. Ich bin gespannt, wie viele Haltungen ihr nachher behalten habt." (A1 und Foto von Kazim; wenn möglich, kann das Foto von Kazim neben die Projektionsfläche geheftet werden. So wird deutlich, dass er nun erzählt.)

Kazim erzählt:

V5.1: Gott hat im Koran zu uns Muslimen und allen Menschen gesprochen. Er hat uns aufgerufen, fünf Mal am Tag zu beten. Ich folge diesem Aufruf Gottes jeden Tag. Normalerweise zu Hause. Am Freitag gehe ich mittags einmal in die Moschee. In der Moschee stehe ich dicht an dicht mit andern. Zuerst stellen wir uns hin und sagen: „Gott ist größer ..."

V5.2: Wir sagen: „Im Namen Gottes, des Erbarmers, des Barmherzigen ..."

V5.3: Wir beugen uns nach vorne und legen beide Hände auf die Knie und sprechen: „Gepriesen sei Gott der Erhabene ..."

V5.4: Wir richten uns wieder auf und sagen: „Gott erhört den, der ihn lobt." (ohne Abb.)

V5.5: Wir gehen mit dem gesamten Körper nach vorne und werfen uns nieder. Unser Blick ist ebenfalls auf den Boden gerichtet. Mein Kopf ist unterhalb meines Herzens. Dies ist für mich der entscheidende Teil des Gebetes; er heißt Sadschda.
Ich sage durch diese Haltung, dass Gott am wichtigsten ist für mich [und jeder spricht es für sich leise aus: „Gepriesen sei mein Schöpfer und Versorger[2] ..."]

2 „Schöpfer und Versorger" wurde hier als Übersetzung von arabisch „rabb" gewählt, wie es muslimische Theologinnen vorschlagen (sonst: „Herr").

V5.6: Wir setzen uns kurz hin und sagen:
„Gott, verzeih mir, …"

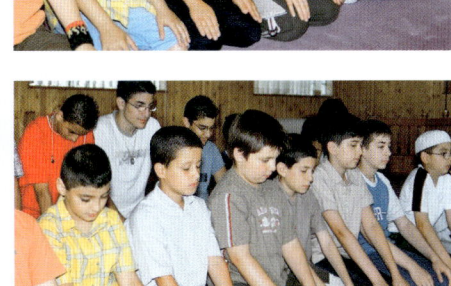

V5.7: Dann wiederholen wir das Sadschda.
Wir richten uns auf und wiederholen den
Durchgang, den ihr eben gesehen habt. (ohne
Abb.)

V5.8: In der Sitzposition sprechen wir fünf
Texte aus dem Koran auf Arabisch.

V5.9: Zuletzt begrüßen wir alles Lebende
um uns herum, indem wir den Kopf zuerst
nach rechts, dann nach links drehen und
dabei auf die Schulter blicken. Wir sagen
dabei: „Friede sei mit euch." [3]
Dann ist mein vorgeschriebenes Gebet zu
Ende und ich kann noch meine eigenen
Bitten und meinen Dank an Gott anschließen.

V5.10: Dazu halte ich die Unterarme und
Hände nach vorne und spreche für mich mit
Gott. Ich danke ihm zum Beispiel für meine
Familie oder für meine Gesundheit.
Ich glaube, Gott hat mir mein Leben, meine
Familie und meine Gesundheit geschenkt und
so antworte ich auf seine Geschenke, indem
ich ihn im Gebet anrufe und zu ihm spreche.

Nurcan Karatepe

---

3 Genauer: „Der Friede und Segen Gottes sei mit euch". Dies hat nur sehr bedingt Ähnlichkeit mit dem
christlichen Friedensgruß, da der Gruß ebenso beim Einzelgebet ausgesprochen wird. Er ist in Gemeinschaft so ritualisiert, dass der Nachbar nicht angesehen wird. Er hat in verschiedenen Traditionen unter-
schiedliche Bedeutungen: Er steht symbolisch für die Weitergabe des erfahrenen Segens beim Gebet. Er
wird verstanden als symbolischer Gruß für die beiden Schutzengel, einen auf der rechten und einen auf
der linken Seite. Er gilt als Gruß für alle Wesen, die Schöpfung und die Engel. Er gilt als Gruß für die Mit-
betenden. Manche Muslime verbinden mit ihm auch alle diese Bedeutungen.

Ausschnitt des Rufes zum Gebet (A2) abspielen. Alternativ zur Bildgeschichte kann auch die Filmsequenz „Kazim betet" gezeigt werden (AV); das Arbeitsblatt M25 kann bei der Auswertung helfen.

Sicherung

Neu in der Wortschatztabelle: Sadscha|Niederwerten

K) Das _____ ist
ein Teil des muslimischen Gebets.

Vertiefung „Leib"

 „Erinnert ihr euch an die verschiedenen Körperhaltungen von Kazim?" Ermutigen Sie die Kinder, die Haltungen auszuprobieren; machen Sie aber deutlich, dass es sich hierbei a) nicht um „Beten" handelt, sondern um den Versuch, Kazims Haltung besser zu verstehen, dass b) Vorsicht und Respekt davor angebracht sind, dass diese Haltungen ihre eigentliche Bedeutung im Gespräch mit Gott entfalten.

 Gehen Sie die einzelnen Haltungen mit einem Arbeitsblatt M25 noch einmal durch und besprechen Sie sie.

 Zeigen Sie noch einmal das Bild V5.5 (M26), Sadschda: „Wie fühlt man sich, wenn man ganz mit dem Kopf am Boden ist?" (evtl. zunächst als Partnergespräch: ausgeliefert, Blut läuft in den Kopf, peinlich). „Stellt euch vor, da stellt sich jemand davor ... – Probiert das einmal aus."

Hier sind meiner Erfahrung nach zwei Verläufe der sich anschließenden Aussprache möglich:

Einerseits wird Angst geäußert, dass der andere einem auf den Kopf treten könnte. „Muslime machen das nur einem gegenüber ... – Was sagen sie Gott mit dieser Haltung?" – Andererseits wird ein Gefühl der Sicherheit beschrieben, dass der andere mich beschützt, auch wenn ich ganz unten bin.

Im Verlauf zweier Stunden entstand aufgrund von Ideen der Kinder folgendes Tafelbild:

Die Haltung „Sadschda" sagt:

Weil ich klein bin, schützt mich Gott.

Ich mache mich klein, um Gottes Größe zu zeigen.

Ich bin Diener (und werfe mich nieder).

Ich lobe Gott (und werfe mich nieder).

Ich bin demütig.

 Der letzte Ausdruck wird sinnvollerweise von der Lehrkraft als Bündelung eingeführt.
Lassen Sie die Ergebnisse in M26 einfügen.

 Zeigen Sie noch einmal Bild V5.10, das Abschlussbild: „Hier hält Kazim die Hände offen nach vorne. Auch das drückt etwas aus …" (Empfangen, Dank).

Vertiefung „Gebetsteppich"

 „Wenn Kazim nicht in der Moschee ist, benutzt er einen Gebetsteppich. Er zieht zuerst die Schuhe aus und tritt dann auf den Teppich. Ich habe euch einen mitgebracht." Lassen Sie die Kinder einen Gebetsteppich genauer ansehen (Gebetsteppiche können für 5 bis 10 Euro in einer Moschee gekauft werden oder auch im Internet). Eventuell können Sie einen Kompass mitnehmen und zeigen, wie der Teppich genau nach Mekka ausgerichtet wird (Mekka liegt südsüdöstlich von Deutschland). Kooperationen mit Geografie oder Sachkunde sind hier möglich: Ab Klasse 4 können die Schülerinnen und Schüler im Atlas Mekka suchen, den Atlas nach dem Kompass ausrichten und so die Himmelsrichtung nach Mekka bestimmen, um evtl. selbst einen Teppich auszurichten.

 Besprechen Sie: „Kazim zieht vor dem Teppich die Schuhe aus. Was bringt er damit zum Ausdruck?" (wiederum Demut vor Gott, aber auch Reinheit) Wenn es nicht von allein kommt, kann man hier auch Mose vor dem Dornbusch (koranisch: dem Baum) ins Spiel bringen.

Vertiefung „Glaube darstellen"

 „Die Gebetshaltung Sadschda haben wir genauer besprochen; sie kann auch aussagen: „Ich mache mich klein und demütig und zeige so: Gott ist groß. Im Vergleich zu Gott bin ich klein." Regen Sie an, diese Aussage auf andere Weise darzustellen: mit Musik, mit Klängen, mit Bildern. Gruppen wählen, ob sie mit Instrumenten oder Farbe und Papier arbeiten wollen. Ab Klasse 4 können Sie anregen, Gott nicht als Person darzustellen, sondern abstrakt zu arbeiten.

(Sie können für die gestalterische Arbeit auch ein anderes Ergebnis aus dem Gespräch zu Sadschda herausgreifen.)

 Fotos von einer besprochenen Gebetshaltung und einem Gebetsteppich können an die grüne Wand geheftet werden.

Lea antwortet

Je nach Lerngruppe kann die Nähe und Distanz zum Christentum sehr verschieden sein – eventuell kommt hier etwas sehr Fremdes oder für andere auch etwas Vertrautes. Entsprechend sensibel ist bei dem Thema vorzugehen. Es sollte etwas von der Ernsthaftigkeit des Abendgebetes deutlich werden, aber auch von Leas natürlicher Scheu, einfach darüber zu sprechen.

Was wir brauchen

Bilderserie V6.1–6.6, Projektor, Leinwand, Glocke, Kerze, Lied M27 und M28.

Wie wir vorgehen

Erarbeitung im Stuhlkreis

 Bild von Lea und Kazim auf dem Boden in der Mitte des Stuhlkreises (V6.1). Wenn es dazu Folien gibt, schauen die Kinder auf eine Leinwand. Kerze anzünden. Glocke anschlagen. „Könnt ihr euch noch an die Gebetsbewegungen von Kazim erinnern?"

Lassen Sie die Kinder vom christlichen Beten erzählen, indem Kazim die Impulsfrage stellt: „Wie ist das denn bei euch mit dem Beten?" Dann können die Kinder an Leas Stelle antworten. Anschließend erzählen Sie zu den Bildern der Serie:

Lea sagt: „Wir beten nicht fünf Mal am Tag
und wir machen dazu auch nicht so viele Bewegungen wie ihr.
Ich selbst bete ab und zu vor dem Schlafengehen."

V6.2: Früher als ich jünger war, haben mein Vater und meine Mutter
sich jeden Abend an mein Bett gesetzt,
sie haben eine Kerze angezündet.

V6.3: Wir haben zusammen über den Tag geredet.
Sie haben mich gefragt, was ich schön fand oder was mich
traurig gemacht hat an diesem Tag.

Zum Beispiel habe ich mich über ein Spiel gefreut
oder war traurig über eine Schulnote. (**V6.4**)
Meine Eltern und ich haben die Hände gefaltet
und meine Mutter hat gebetet:
„Danke, Gott, für das schöne Spiel von Lea
und bitte hilf ihr in der Schule."
Dann haben wir zusammen ein sehr altes Gebet gesprochen.

Lea ist es etwas unangenehm, das alte Gebet zu sagen,
aber Kazim möchte es gern hören und so sagt sie es ganz leise.

Müde bin ich, geh zur Ruh,
schließe meine Augen zu.
Vater, lass die Augen dein
über meinem Bette sein.

Hab ich Unrecht heut getan,
sieh es, lieber Gott, nicht an.
Deine Gnad und Jesu Blut,
machen allen Schaden gut.

Alle, die mir sind verwandt,
Gott, lass ruhn in deiner Hand;
alle Menschen, groß und klein,
sollen dir befohlen sein.

Dies ist das Gebet, das Lea tatsächlich gebetet hat, es sind aber auch Alternativen möglich, die Sie selbst ergänzen können.

V6.5: Dann habe ich die Kerze ausgepustet.

V6.6: Meine Eltern sind raus gegangen und ich habe geschlafen.

Jetzt bete ich abends allein. Ich sage:

> Danke, Gott, für das, was schön war,
> und, bitte, hilf bei dem, was traurig war
> oder besser werden kann.

Ich lege so am Abend mein Leben in Gottes Hand. Aber manchmal vergesse ich es auch. Aber meine Eltern sagen, dass ist nicht schlimm, Gott weiß schon, wie er mir helfen kann.
Ich spreche so immer wieder mit Gott, zum Beispiel wenn ich traurig über etwas bin oder auch wenn ich fröhlich bin.

Kazim sagt: „Das ist so ähnlich wie bei uns das letzte Stück des Gebetes."

 Kerze löschen. Glocke anschlagen.

Sicherung

Neu in der Wortschatztabelle: Händefalten

S) Das Niederwerfen/Sadschda ist ein Teil des muslimischen Gebets.	T) Das Händefalten und freie Beten ist eine christliche Form des Gebetes.

Vertiefung „Gebetstext"

 Teilen Sie das Gebet anhand des Textes M27 oder Ihr eigenes Gebet als Arbeitsblatt aus.
   Die Schülerinnen und Schüler lesen den Text leise und stellen Verstehensfragen. Gehen Sie auf jeden Fall auf die schwierigen Worte ein: „dir befohlen"; nehmen sie dann einzelne Passagen auf und entfalten mit den Kindern die Gottesanrede „Vater", die Vorstellungen „Gottes Auge über mir" und „sich in Gottes Hand legen".

Sinnvoll ist für christliche Kinder das Auswendiglernen eines Gebetes. Eine Methode dazu ist es, Textabschnitte an der Tafel oder auf dem Projektor erst richtig zu ordnen und dann beim wiederholten Sprechen Stück für Stück wieder zu entfernen:

– Zunächst kopiere ich den Text auf Folie und zerschneide ihn dann in kleinere Passagen.
– Zwei Kinder ordnen den ersten Absatz.
– Wenn der Text zusammengestellt ist, sprechen wir ihn gemeinsam.
– Nun nehme ich eingängige Stücke heraus:
„Müde bin ich, geh zur ... Schließe meine ... zu" usw.
– Wir sprechen den Text wiederum und ergänzen dabei die Leerstellen.
– Ich nehme weitere Elemente heraus und wir sprechen wieder den vollen Text,
– und so weiter, bis alle den gesamten Text gemeinsam auswendig sagen.

Vertiefung „Gebetserfahrung"

 Sprechen Sie mit den Kindern über eigene Erfahrungen mit dem Beten (Wann? Allein oder mit anderen? In welcher Haltung? Mit welchen Worten? Wie oft?). Wenn die Rede auf den Nutzen eines Gebetes kommt („nützt ja doch nichts"; „Gott hat mich nicht gehört"), klären Sie, dass das Nicht-In-Erfüllung-Gehen persönlicher Wünsche kein Indiz für Gottes Nicht-Hören ist; Gott könnte auch einfach „anderer Meinung" sein, so wie auch Eltern nicht alle Wünsche erfüllen.

Es ist damit zu rechnen, dass die Kinder zunächst sehr zurückhaltend sind, über eigenes Beten zu sprechen, und dass manche tatsächlich noch nie gebetet haben. Machen Sie ihnen Mut, indem Sie selbst von Ihrem Beten erzählen.

Vertiefung „Mit Gott sprechen"

 Wenn es nicht vorher im Unterricht behandelt wurde, erklären Sie, welche Arten von christlichen Gebeten es gibt: Fürbitte, Bittgebet für eigene Anliegen, Lob, Klage.

Gebete mit Vorsprecher und gemeinsamer Formel: „Herr, erbarme dich!" oder „Herr, erhöre uns!"

Erzählen Sie von dem Gebet, das alle Christen weltweit verbindet und das Jesus Christus eingeführt hat: dem Vaterunser. Das Stichwort „Vater" findet sich im „Müde bin ich geh zur Ruh ..."

Durch die Ansprache „Vater" rückt der Beter oder die Beterin ganz nah an Gott heran. Er oder sie ist Tochter oder Sohn in Gottes Familie. So kann jede Christin und jeder Christ mit Gott ganz persönlich sprechen.

 „Lea sagt, sie legt abends ihr Leben in Gottes Hand. Male oder beschreibe, wie du dir das vorstellst."

Oder:

 „Lea sagt, sie legt abends ihr Leben in Gottes Hand. Viele Künstler haben schon versucht, das darzustellen. Nimm M28 und suche dir eine Darstellung aus. Was gefällt dir an ihr?

Schreibe dazu ein Gedicht oder Elfchen." (nicht für Muslime – wegen des Verbotes, Gott bildlich darzustellen!)

 Ergebnisse der Arbeit der Kinder und evtl. das Bild eines betenden Kindes können an die violette Wand geheftet werden.

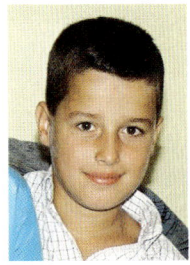

Wie kann ich Gott antworten?

Probeweise sollen in dieser Stunde Gebetshaltungen ausprobiert werden. Wenn es sich realisieren lässt, können Sie in dieser Stunde gut in einen Kirchraum gehen. Bei muslimischen Kindern ist hier wieder Sensibilität gefragt. Es geht nicht darum, in der Kirche zu beten, sondern das Thema im Rahmen dieser besonderen Unterrichtseinheit ist es, Vorschläge für Gebete und Gebetshaltungen in der Kirche zu machen. Notfalls fragen Sie die muslimischen Eltern, ob das ein Problem ist.

Die Kinder sollen in dieser Stunde am eigenen Leib erfahren, dass sich auch mit dem Körper ein Anliegen oder ein Anruf gegenüber Gott ausdrücken lässt.

Was wir brauchen

Glocke, Kerzen oder Tücher, Arbeitsblätter M29 und M30

Wie wir vorgehen

 Teilen Sie M29 aus und betrachten Sie mit den Kindern die darge-stellten christlichen und muslimischen Gebetshaltungen. Ermutigen Sie die Kinder, einzelne Haltung auszuprobieren – ernsthaft, aber nicht „echt".

 Teilen Sie M30 aus und lesen Sie die Gebete darauf zunächst vor. Anschließend lesen Kinder einzelne Gebete. Intensiver wird die Auseinandersetzung in der anschließenden Gruppenarbeit.

 „Wählt ein Gebet aus!"
Erarbeitet eine – *dreiteilige* – körperliche Darstellung dieses Gebets:
- eine Anfangshaltung, mit der ihr Gott anredet,
- eine Haltung, die zum Anliegen des Gebetes passt,
- eine Haltung für das Ende des Gebetes.
Führt eure „Lösung" am Ende den anderen Kindern vor.

 Das Ende der Gruppenarbeit wird mit der (Erzähl-)Glocke angezeigt. Zur Auswertung der Gruppenarbeit: Wenn Sie sich in der Kirche befinden, können die Kinder zur Vorstellung ihres Gebets selbst einen passenden Ort suchen. Damit nicht alle vor dem Altar „lan-den", empfiehlt es sich, vorab die diversen Möglichkeiten in der Kirche mit den Kindern zu sammeln. Die Gruppen kennzeichnen „ihren" Gebetsort in der Kirche mit einem Tuch, einem Ring oder einer Kerze.

Die Kleingruppen erzählen, welches Gebet sie gewählt haben; eine Kerze wird angezündet, die ganze Klasse liest den Gebetstext und die Kleingruppe macht die Bewegungen.

In einer zweiten Runde können auch alle anderen die Haltungen mitmachen; dazu empfiehlt es sich, dass der Gebetstext auf Folie an die Wand geworfen wird, damit die Kinder die Hände und den Blick relativ frei haben.

 In einer rein christlichen Klasse kann am Ende eine Version des Vaterunsers mit Gebärden von der Lehrkraft vorgeführt werden.

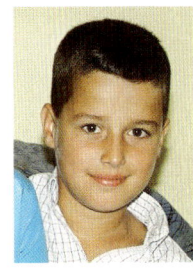

Eine Moschee von innen

An dieser Stelle oder nach Abschnitt 1 kann eine *Exkursion in eine Moschee* sinnvoll sein. Wenn das nicht realisierbar ist, kann auch die Bilderserie V7.1–7.7 übernommen und gezeigt werden. Sie eignet sich außerdem als Vorbereitung oder Nachbereitung eines Moscheebesuchs.

Was wir brauchen

Fotoserie V7.1–7.7, Arbeitsblätter „Moschee" M31–32

Wie wir vorgehen

 Sagen Sie den Kindern, dass Sie vorhaben, demnächst mit ihnen eine Moschee zu besuchen. Laden Sie sie jetzt ein, schon einmal zuzuschauen und zuzuhören, wie Kazim Lea seine Moschee zeigt (A1). Erzählen Sie und zeigen Sie dazu die entsprechenden Bilder:

V7.1: Heute nimmt Kazim Lea wieder in die Moschee mit.
Er möchte ihr zeigen, was es dort alles zu sehen gibt.

V7.2: Am Eingang ziehen sie wieder die Schuhe aus. Dann treten beide ein.
„Auf dem Teppich geht es sich in Strümpfen einfach gut." stellt Lea fest
und Kazim meint: „Wir gehen nicht nur, wir sitzen hier auch
direkt auf dem Boden, egal ob wir beten oder lesen oder zuhören."

V7.3: *(Bitte variieren, falls Sie dies schon erzählt haben.)*
Sie gehen zu einer Ecke mit einer kleinen Erhöhung.
Kazim steigt auf die Erhöhung und erklärt sie:
„Von hier ruft einer aus der Gemeinde der Muslime
noch einmal zum Gebet auf, wenn schon alle da sind."
Kazim stellt sich an das Mikrofon und probiert es.
Vielleicht kann er in drei, vier Jahren auch einmal zum Gebet aufrufen.
Jeder, der eine geeignete Stimme hat und die Worte kennt, darf das,
wenn die Moscheegemeinde zustimmt.

V7.4: An einer Wand ist eine Kanzel.

Über eine kleine Treppe steigt Kazim hinauf und setzt sich dann hin.

In dieser Kanzel steht er nicht, sondern er sitzt.

Kazim schaut sich das Buch an, das dort aufgeschlagen liegt.

Schon fast alle arabischen Buchstaben kann er entziffern und aussprechen.

Von der Kanzel aus wird auch für Erwachsene Unterricht

zum Beispiel in Glaubensdingen oder über den Koran erteilt.

„Was ist das für ein Wandteppich hinter dir?", fragt Lea.

„Das ist die große Moschee in Medina, wo unser Prophet Mohammed gelehrt hat."

V7.6: *(Bitte variieren, falls Sie dies schon erzählt haben.)*

Als Nächstes treffen sie den Imam.

Er leitet die Gebete in der Moschee und gibt Kazim auch Unterricht. Als türkischer Gelehrter trägt er auch den Titel Hodscha.

Wenn er das Gebet leitet, steht er in der Nische nicht zu den Gläubigen gewandt, sondern in die andere Richtung – zur Wand. Auf diese Weise wissen alle Gläubigen, in welche Richtung sie sich beim Gebet stellen sollen. Kazim sagt: „In die Richtung geht es nach Mekka. Du weißt ja, Mekka ist unsere Gebetsrichtung." Die Gebetsnische heißt Mihrab.

V7.5: Schließlich kommen sie an die Treppe.

Von hier aus predigt der Hodscha am Freitag zu der Gemeinde der Muslime.

Auch Mohammed, der Prophet der Muslime, hat auf so einer Treppe gestanden.

Es wird erzählt: Je mehr Gläubige zu seiner Gruppe dazukamen, desto höher musste die Treppe gebaut werden. Am Ende seines Lebens musste er 9 Stufen hoch stehen. Daher sind heute die meisten Predigttreppen 9 Stufen hoch.

Kazim verabschiedet sich vom Hodscha. Der Hodscha sagt noch:

„Macht's gut, ihr beiden. Salam. Gottes Friede sei mit euch."

Dann verlassen sie die Moschee.

„Die Nische mit der Gebetsrichtung hat mir am besten gefallen", sagt Lea. (**A2**)

Sicherung

Neu in der Wortschatztabelle: Imam

0) Der _____

   leitet das Gebet.

Vertiefung „Moschee"

 Teilen Sie M31 aus. Eventuell projizieren Sie die Abbildung auch an die Wand. Geben Sie dazu folgende Erklärung: „Das ist eine vereinfachte Darstellung der Moschee in einer kleinen Stadt. Sie ist vorn offen gemalt, damit man sehen kann, was innen ist. Diese Moschee hat keinen eigenen Turm, das wäre zu teuer. Sie ist ein altes Lagerhaus, das von der Moscheegemeinde gekauft wurde. Als Gebetsort reicht es aus. Wenn ihr genau hinschaut, könnt ihr die Gegenstände von den Bildern wieder erkennen." Die Kinder können nun Einrichtungselemente identifizieren und erklären.

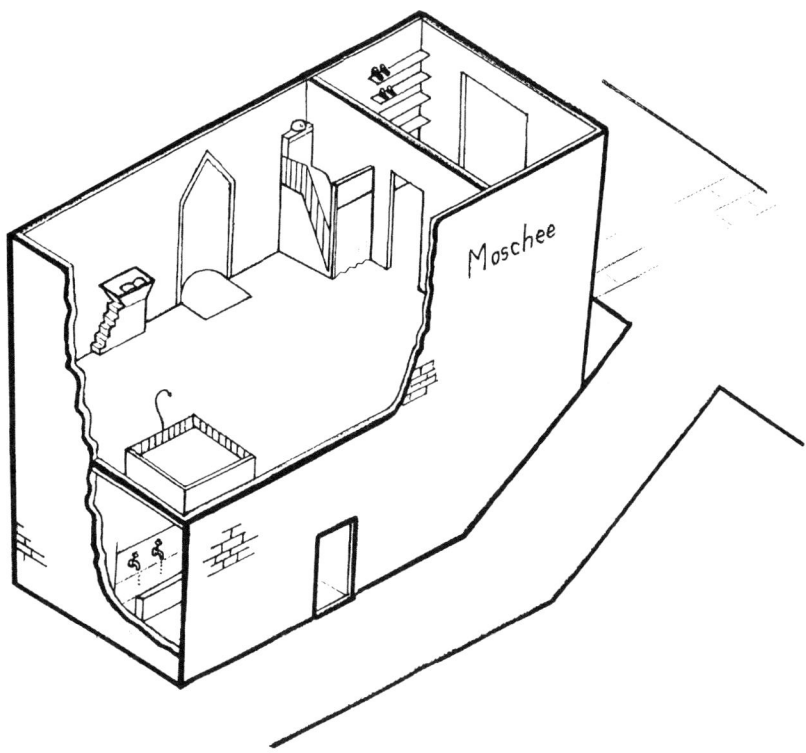

 „Nimm den Arbeitsbogen M32, schneide die Fotos aus und klebe sie in die vorgesehenen Felder."

Eine Kirche von innen

An dieser Stelle hat natürlich ein *Gang in eine Kirche* Priorität. Der folgende Text kann aber zum Beispiel Verwendung finden, wenn in einer länger vorangegangenen Unterrichtseinheit schon ein Kirchenbesuch stattgefunden hat und vieles wieder vergessen wurde, oder wenn die Gruppe überwiegend muslimisch ist und in die grundlegende Ausstattung einer Kirche eingeführt werden soll. Hat ein Kirchenbesuch erst vor kurzem stattgefunden, sollte die Geschichte umformuliert werden, um den Erinnerungen der Kinder viel Raum zu geben.

Was wir brauchen

Kerze, Fotoserie V8.1–8.7; Projektor, Leinwand.

Wie wir vorgehen

Erzählen Sie zu den Bildern (Erzählkerze entzünden!) etwa Folgendes:

V8.1: Das ist die Kirche.

V8.2: Am nächsten Tag geht Lea mit Kazim in ihre Kirche. Sie treten durch die große Tür ein. Lea läuft schon vor zum Altar.

V8.3: Kazim guckt sich den Raum an. Er sieht die Glasfenster vorn, den Altar, die Bänke. „Da ist ja kaum Platz auf dem Boden!" stellt Kazim fest. „Alles voll mit Bänken. Und hart ist der Boden hier." Lea lacht: „Bei uns sitzen die Menschen im Gottesdienst. Beim Singen und Zuhören sitzen alle auf den Bänken. Zum Beten stehen sie auf. Der Boden in der Mitte ist nur zum Gehen."

V8.4: Kazim kommt nach vorne zum Altar. Lea erklärt: „Christen und Christinnen haben keine feste Gebetsrichtung, aber im Gottesdienst sind sie in Richtung Altar gewandt." Leas Mutter hat ihr erzählt, dass viele Kirchen trotzdem in eine Richtung weisen: „Viele Kirchen sind zur aufgehenden Sonne ausgerichtet. Die aufgehende Sonne mit ihrem goldenen Licht soll an Jesus Christus erinnern."

Kazim zeigt auf das Kreuz mit Jesus und ist erstaunt:
„In einer Moschee würde nie ein Mensch abgebildet, schon gar nicht so ein toter."
Lea sagt: „Jesus Christus ist wichtig für uns, er hat vielen Menschen geholfen und Geschichten erzählt. Er ist später am Kreuz gestorben. Das Kreuz ist aber nichts Schreckliches für uns. Wir glauben, dass Jesus nicht ein Toter blieb,
sondern von Gott auferweckt wurde."

V8.5: Neben dem Altar ist eine Kanzel, auf der sonst der Pastor predigt.
Beide klettern hinauf und lesen in der Bibel, die dort liegt.
Das Mikrofon ist sogar an. Lea liest etwas vor und das Echo hallt durch den ganzen Raum.
Kazim muss lachen bei dem Hall.

V8.6: Das Taufbecken auf der anderen Seite ist leer. Lea tut so, als ob sie Wasser hineingießt und erzählt Kazim:
„Bei Taufen ist das Becken voll Wasser, dann wird ein kleines Kind darüber gehalten und dreimal mit Wasser übergossen. Das Kind gehört dann zu Gott und in die Gemeinde."
Kazim darf auch mal gießen.

V8.7: Hinten sieht Kazim ein riesiges Musikinstrument. Lea zeigt es ihm: „Die Orgel macht im Gottesdienst Musik. Durch diese Orgelpfeifen kann es ganz verschiedene Klangfarben erzeugen. Die Orgel lobt Gott mit ihrem Klang. Wir haben übrigens eine gute Organistin."

V8.8: Schließlich treffen sie den Pastor der Kirche.
Er zeigt ihnen die Kerze für den Kindergottesdienst, er verabschiedet beide: „Alles Gute für euch zwei, und Gottes Segen."
Kazim stellt am Ende fest: „Die Kirche ist voller als unsere Moschee und es gibt Bilder von Menschen und Tieren. Das wäre bei uns nicht möglich. Mir hat übrigens die Kanzel am besten gefallen, als dein Lesen laut in der ganzen Kirche zu hören war."

 Die Kerze wird gelöscht.

Festigung

Neu in der Wortschatztabelle: Pastorin, Pastor/Pfarrerin, Pfarrer

O) Der _____
leitet das Gebet.

P) Die _____ oder
der _____ leitet den
Gottesdienst.

Vertiefung „Kirche"

Die vielfältigen Möglichkeiten der Kirchenpädagogik sollen hier nicht aufgenommen werden. Lassen Sie die Kinder im Rückblick auf den Besuch der beiden Gotteshäuser Moschee und Kirche Eigenarten aufzählen:

Haltung	In der Moschee sitzt man auf ...	In der Kirche sitzt man auf ...
Richtung	In der Moschee wenden sich all in Richtung ...	Viele Kirchen haben als Richtung ...
Ausstattung	In der Moschee gibt es ...	In der Kirche gibt es ...
Haltung	Auf der Kanzel ...	Auf der Kanzel ...

4 | Deine Religion – meine Religion

Was Sache ist

„Identität und Verständigung" sind die beiden Eckpfeiler, zwischen denen interreligiöse Dialoge sich abspielen. In den vorausgegangenen Unterrichtsvorschlägen haben sich die Kinder (stellvertretend Lea und Kazim) ihre Glaubenstraditionen und -bezüge vorgestellt. Unterschiedliches und Gemeinsames sind dabei ganz selbstverständlich entdeckt und benannt worden. Und das ist gut so. Dennoch ist die Frage irgendwann „dran", was aus den erkannten Gemeinsamkeiten und Unterschieden folgt: Was gehört unaufgebbar zu christlicher bzw. muslimischer Glaubensidentität, welche Grenzüberschreitungen sind im Interesse der Verständigung möglich und sinnvoll?

Was unterscheidet uns? Die christliche und die islamische Tradition haben viele Gemeinsamkeiten. Beide sind monotheistisch und haben ein Buch im Zentrum ihres Glaubens, den Koran und die Bibel. Beide leiten sich aus der jüdischen Tradition und der Tradition Jesu her und kennen viele gemeinsame Gestalten, von denen hier nur die wichtigsten genannt werden können. Es beginnt bei Adam, Noah (Nūḥ) und Abraham (Ibrāhīm), geht über Jakob (Ya'qūb), Josef (Yūsuf) und Mose (Mūsā) bis hin zu Johannes dem Täufer (Yaḥyā), Jesus (ʿĪsā) und Maria (Maryam). Sie alle sind bei Muslimen hoch geehrt und werden als Propheten verstanden. Im Detail können sich die Geschichten zu diesen Personen allerdings deutlich unterscheiden.

Gemeinsam betonen Christen und Muslime auch die Barmherzigkeit Gottes. Die Muslime berufen sich auf sie vor jeder Lesung einer Sure: „Im Namen Gottes, des Gnädigen, des Barmherzigen ...".

Unterschiedlich sind die beiden jeweils wichtigsten Elemente des Glaubens: Koran und Jesus Christus.

Die Person Jesu Christi trennt beide Seiten, auch wenn die Muslime Jesus ehren. Aus Sicht der Muslime ist er jedoch nicht Gottes Sohn; die Mehrheit der Muslime meint, er ist auch nicht am Kreuz gestorben; praktisch alle Muslime halten fest, dass seine Todesart nicht geklärt ist; von seiner Auferstehung nach drei Tagen ist den Muslimen nichts bekannt. Aus Sicht der Muslime ist er ein Prophet, der viele Wunder vollbringen konnte. Er habe schon für seine Zeit ausgesprochen, was Mohammed später verkündet hat.

Christinnen und Christen sagen demgegenüber: In Jesus Christus hat Gott in dieser Welt als Mensch gehandelt. Wie das genau vorzustellen ist, ist ein Geheimnis; der Ausdruck für dieses Geheimnis ist: Jesus Christus ist „Gottes Sohn".

Gott ist in seinem Sohn für die Menschen an das Kreuz und in den Tod gegangen; das heißt: Gott erlebt bewusst den Tiefpunkt des Menschseins, Tod, Leid und Schuldsprechung. Seitdem können alle wissen, dass Gott auch in Tod, Leid und Schuld an der Seite der Menschen ist, dass er dieses Schicksal kennt. Seine Auferstehung zeigt, dass Gottes Kraft stärker ist als alles andere. Gott überwindet für die Menschen Tod, Leid und Schuld, damit sie einmal ganz mit ihm vereint sein können.

Der Koran ist der zweite Unterscheidungspunkt. Er hat für Christinnen und Christen keine besondere Bedeutung. Sie glauben nicht, dass hier vom Anfang bis zum Ende das Wort Gottes zu lesen ist. Ob an wichtigen Stellen Gottes Wort oder Gottes Geist zu hören ist, lassen viele offen.

Der Koran ist für Muslime, wie oben ausgeführt, Buchstabe für Buchstabe Wortlaut Gottes, der durch den Engel Gabriel an Mohammed erging.

 *Können wir zusammen beten?* Manchmal sagt man die gleichen Worte und meint doch Verschiedenes, eine scheinbare Übereinstimmung entsteht, hinter der sich doch recht unterschiedliche Ideen verbergen.

Christinnen und Christen feiern ihre Gottesdienste im Namen Gottes, des Vaters, des Sohnes und des heiligen Geistes, Muslime empfinden diese dreiteilige Bezeichnung Gottes als anstößige Aufteilung des unteilbaren Gottes. Muslime feiern ihre Gottesdienste im Rückgriff auf die „unverfälschte Offenbarung des Wortes Gottes im Koran", Christen finden darin keine besondere Offenbarungsbotschaft für ihren Glauben.

Im Respekt vor dem eigenen Bedeutungsgehalt des Wortes „Gott" für Muslime und dem anderen Bedeutungsgehalt desselben Wortes „Gott" für Christen sollte man sehr vorsichtig bei gemeinsamen Gebetsveranstaltungen sein.

– Gebetsformulierungen können andere ungewollt vereinnahmen.
– Das Formulieren von angemessenen Gebeten kann dazu führen, dass man sich verpflichtet fühlt, Unterscheidendes oder für andere eventuell Anstößiges zu unterdrücken. Das wäre eine falsch verstandene Toleranz.

Sinnvoll ist ein Weg, wie ihn die EKD unter der Bezeichnung „multireligiöses" Beten vorschlägt.[1] In einem gemeinsamen äußeren Rahmen können Muslime ihre Gebete sprechen, während die Chris-

---

1 Vgl. einschlägige EKD-Veröffentlichungen; aktuelle Liste unter www.kirche-islam.de. Vgl. auch H. Chr. Goßmann (2003), „Interreligiöses Gebet", PrTh 38/2, S. 123–127.

ten zuhören und die Worte der Muslime bedenken, dann sprechen die Christen Gebete, die Muslime hören zu und bedenken deren Worte. Eventuell sprechen noch weitere, die an keine Gottheit glauben, ihre Wünsche auf ihre Weise aus.

Der äußere Rahmen sollte so schlicht wie möglich sein; und wir sollten nicht beginnen, diese Gebete wiederum zu interpretieren, auch hier droht oft eine Vereinnahmung.

Diese Vorüberlegungen sollen niemanden verunsichern, sondern den respektvollen Blick schärfen und gerade Mut machen, wenn es die Situation in der Schule oder der Klasse erlaubt, auch gemeinsam eine kleine andächtige Runde von Christinnen, Christen, Muslimen und möglicherweise Nicht-(so-)Glaubenden zu wagen.

 *„Lasst uns zusammen feiern"*. Ein Fest hebt heraus aus dem Alltag, es hat seine eigenen Regeln der Freude und ermöglicht neue Beziehungen zwischen den Menschen. Es ist interpretationsoffen. Wer mag, kann in einem Fest mit Christen und Muslimen Jesu Geist am Werke sehen, der immer wieder und gern mit verschiedenen Menschen gefeiert und gegessen hat, der von Gottes Fest mit den Menschen erzählt hat und dessen Gegner ihn für seine Freude am feiernden Essen und Trinken kritisiert haben (Mt 11,19; Lk 7,34).

Muslime mögen hier Gastfreundschaft als wichtiges mitmenschliches Gebot Gottes sehen.

Ein Fest ermöglicht Gespräche jenseits eines schulischen Rahmens und jenseits eines festen Strukturrahmens.

Neue Kräfte werden freigesetzt, neue Beziehungen werden möglich und neues Verstehen wird angebahnt. Im Schmecken wird Andersartigkeit noch einmal neu wahrgenommen und verbindet doch zugleich.

Was die Schülerinnen und Schüler davon haben

Religionswissenschaftliche Kompetenz: Die Schülerinnen können wichtige Unterschiede zwischen christlichem und muslimischem Glauben benennen und Möglichkeiten gemeinsamer Wege entwickeln.

Existenzieller Herzschlag: Im Wissen um die Unterschiede zwischen den Religionen probieren Schülerinnen und Schüler mit Herzen, Mund und Händen aus, wie sie spirituelle und gesellige Gemeinschaft praktizieren wollen, und erfahren dabei, was ihnen selbst die Form der Gemeinschaft bedeutet.

Was unterscheidet uns?

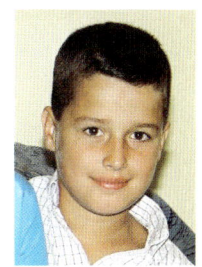

Was wir brauchen

Foto V8.4, Arbeitsblatt M33

Wie wir vorgehen

 Wenn es räumlich möglich ist, setzen sich die Kinder heute vor die grün-violette Wand, an der Ergebnisse, Bilder und die Wortschatztabelle hängen.

 Sammeln Sie mit den Kindern die Unterschiede zwischen den beiden religiösen Traditionen. „Vielleicht sind auch noch Fragen offen geblieben?"; „Fällt euch etwas ein, was an der Wand noch fehlt?"

 Nennen Sie deutlich den Schwerpunkt der Stunde. „Ich habe euch heute etwas mitgebracht, was beide Religionen sehr unterscheidet." (V8.4.)

Evtl. ist das Foto im Zusammenhang „Kirchenbesuch" schon kommentiert worden; dann ist hier eine inhaltliche Überleitung nötig. Es schließt sich folgende Erzählung an, die die Kinder auf M33 mitlesen können:

Lea und Kazim sind in der Kirche
und Lea zeigt Kazim etwas, was bei ihr ganz anders ist als bei ihm.

Lea: „Guck mal, das ist Jesus."
Kazim: „Stirbt der gerade?"
Lea: „Ja, seine Feinde haben dafür gesorgt, dass er an ein Kreuz genagelt wurde, um ihn zu töten.
Eigentlich wollte er Gutes für die Menschen tun, aber seine Feinde haben es nicht verstanden.
Das ist traurig, doch wir wissen, dass die Geschichte damit nicht aus ist.

Nach drei Tagen ist er auferstanden. Gott hat ihn auferweckt vom Tod.
Die ersten Christinnen und Christen haben begriffen:

Als Jesus am Kreuz gelitten hat, hat Gott selbst dort gelitten.
Als Jesus gestorben ist, ist Gott selbst dem Tod begegnet.
Gott hat ihn auferweckt, damit alle wissen,
dass Gott ganz mit Jesus verbunden war."

Kazim sagt: „Ich glaube nicht, dass Gott leiden und den Tod an sich selbst spüren kann."
Lea: „So ein Kreuz habe ich bei euch auch nirgends gesehen."
Kazim: „Wir haben keine Kreuze. Ich kenne den Mann auch:
Isa heißt er bei uns, das ist arabisch und heißt Jesus.
Er ist ein Prophet, aber er ist, glaube ich, gar nicht am Kreuz gestorben.
Gott hat ihm vorher geholfen, so dass ein anderer gekreuzigt wurde."

Lea: „Wir sind überzeugt: Jesus wurde gekreuzigt und
Gott erlebte mit ihm den Tod und hat ihn dann auferweckt."

Kazim: „Dafür habe ich bei euch nirgends einen Koran gesehen.
Da steht doch Gottes Wort drin.
Warum ist er bei euch nicht in der Kirche?"

Lea: „Der Koran ist für uns nicht wichtig.
Keine Ahnung, ob da Gottes Wort drin steht.
Wir hören durch Jesus Christus von Gott."

Kazim: „Bei uns ist es der Koran, durch den wir Gottes Wort hören. – Eine ganze Menge
Unterschiede sind das zwischen uns."
Lea: „So bleibt wenigstens genug, worüber wir uns unterhalten können."

 Im Nachgespräch sollten Koran und Jesus Christus als wichtigste
religiöse Elemente der jeweiligen Religion deutlich werden, durch
die sich beide auch deutlich unterscheiden.

Gehen Sie (wieder) darauf ein, dass der Koran für Muslime *wört-
lich „Gottesrede"* ist, die Bibel demgegenüber für Christen *eine
Sammlung von Erfahrungen mit Gott.*

Sicherung

Neu in der Wortschatztabelle: Koran, Jesus Christus

Q) Muslime glauben: Gott hat seinen Willen in besonderer Weise mit Worten deutlich gemacht, Worten, die jetzt in einem Buch stehen, dem

_____ .

R) Christen und Christinnen glauben: Gott hat seinen Willen in besonderer Weise mit dem Leben einer Person deutlich gemacht, dem Leben von

_____ .

 „Fallen euch noch weitere Unterschiede zwischen Kazims und Leas Religion ein? Die violette und die grüne Seite unseres Aushangs helfen dir beim Erinnern.“

 Erarbeiten Sie mit der Klasse „Wichtigkeitsbilder“. Das geht so: „Faltet ein Blatt und malt auf eine Seite einen Koran, auf die andere Seite Jesus Christus und ein Kreuz.“ Dazu wird noch einmal besprochen: Der Koran ist das Wichtigste in Kazims Religion. Jesus Christus und das Kreuz sind das Wichtigste in Leas Religion. Diese beiden sind die grundlegenden Unterschiede.

 „Male hinten auf die „Koran-Seite“ etwas, das dich an Kazims Religion besonders angesprochen hat, hinten auf die „Kreuzseite“ malst du, was dir an Leas Religion gefällt.“

Können wir zusammen beten?

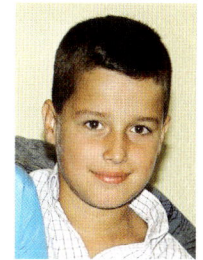

Was wir brauchen

Fotos; christliche und muslimische Gebetsgegenstände, wie Kerzen, Bibel, Gebetsteppich und Koran.

Wie wir vorgehen

 Nennen Sie das „Problem" gleich beim Namen: Heute habe ich ein Problem. Vielleicht habt ihr eine Idee, wie man es lösen kann." Erzählen Sie Folgendes:

In Kazims und Leas Klasse hatte ein Mitschüler, Torsten, einen Unfall. Er wird nun für ein paar Wochen im Krankenhaus und dann zu Hause bleiben. Kazim und Lea schlagen vor, dass alle zusammen ein Gebet sprechen können. Sie wollen Gott bitten, dass es Torsten schnell besser geht.
Da sagt Frank: „Nee, ich glaube doch gar nicht an Gott."
Ramona sagt: „Ich finde aber wichtig, dass wir an Torsten denken, wenn er krank ist: Wir sollten Gott um Hilfe bitten."
Iris meint: „Jeder von uns hat doch eine ganz andere Art zu beten. Das passt nicht zusammen."
Frank fügt hinzu: „Ihr könnt ja alle nach Hause gehen und dort beten."
Lea sagt: „Ich fände es schön, wenn wir alle etwas zusammen machen, es muss ja nicht jeder dabei beten."
Kazim stimmt zu: „Damit alle zufrieden sind, könnten wir ..."

 Lassen Sie die Kinder „Kazims Idee" entwickeln – am besten zunächst in Kleingruppen. Deren Ergebnisse werden dann mit allen bedacht.

 Wieder in Gruppen überlegen die Kinder, wie Frank, der mit „Kazims Vorschlag" nicht einverstanden ist, überzeugt werden könnte. Sie schreiben kleine Streitgespräche auf, die sie dann vortragen.

 Je nach Stimmung, Möglichkeiten, Hintergrund, Ergebnis, kann man das Ganze auch ausprobieren. Wenn in der Klasse (hoffentlich) niemand konkret krank ist, können sich Wünsche und Gebete allgemein auf Kinder beziehen, die Hilfe brauchen: „Vielleicht kennt ihr Kinder oder Erwachsene, denen es jetzt nicht so gut geht, die traurig sind, die krank sind, die vielleicht Angst haben ..." – Jedes Kind erhält einen Zettel und schreibt darauf seinen Wunsch für einen anderen. „Du kannst dieses „Satzgerippe" verwenden":

Ich wünsche ... , dass ... , weil ...

Erklären Sie, dass diese einzelnen Wünsche als Fürbitten der Klasse gesprochen werden sollen: Je einer spricht, die anderen hören zu und denken mit. Wer nicht nur wünschen, sondern beten will, beginnt mit einer Anrede an Gott und sagt statt „Ich wünsche …" „Ich bitte dich, dass …"

Beispiel

Jedes Kind hat seinen „Wunschzettel" in der Hand.
Wir sitzen im Kreis um eine brennende Kerze.
Wer will, kann eine Gebetshaltung einnehmen.
Jede und jeder darf nacheinander eine Kerze anzünden und seinen Zettel vorlesen –
entweder als Wunsch oder als christliches Gebet oder als muslimisches Gebet.

Lasst uns zusammen feiern!

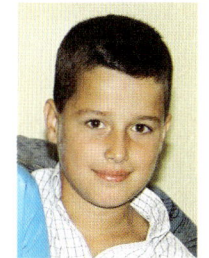

Nicht in jeder Klasse besteht die Möglichkeit, am Ende der Einheit ein muslimisch-christliches Fest zu organisieren. Aber immerhin kann man einen Teil des Festes, das Essen und die Musik, als Ohren- und Gaumenschmaus auskosten.

Je nach räumlichen Möglichkeiten (Küche, Partyraum) lassen sich verschiedenste Variationen verwirklichen.

Gibt es interessierte muslimische Eltern, lässt sich auch nachmittags oder an einem Wochenende mit allen Eltern ein komplettes Fest realisieren.

Was wir brauchen

Fotos, Essen und Getränke nach eigener Planung, Musik, Rezepte (= M34).

Wie wir vorgehen

Am Anfang des Festes können Ergebnisse der Arbeit in der Klasse präsentiert werden.

Zu fünf bis sechs Gegenständen geben Schülerinnen und Schüler Erklärungen. Eventuell kann mit den Folien die Einrichtung einer Moschee und einer Kirche erklärt werden, wobei gewiss viele Eltern etwas dazulernen können.

Wenn die Atmosphäre es zulässt, können vor dem gemeinsamen Essen ein muslimisches und ein christliches Gebet gesprochen werden, das die Schülerinnen und Schüler formuliert haben. Wichtig ist hier wieder die Einleitung, dass beim muslimischen Gebet die Christen einfach zuhören und die Muslime beten und beim christlichen Gebet die Muslime zuhören und die Christen beten.

Wir haben einen Festkalender bis 2010 beigefügt und Rezepte zum Nachmachen und Sich-Schmecken-Lassen. Es gibt zwar keine „christlichen" oder „muslimischen" Speisen, doch kann man bei solch einem Fest gut einmal die Speisen der überwiegend muslimischen Länder kennen lernen.

Zur Bedeutung verschiedener Feste finden Sie ein Informationsblatt „Feste der Muslime" auf der CD im Ordner „Materialien".

Anhang

Islam: Wann gibt es Grund zum Feiern?

Die Jahreszahlen in den Klammern beziehen sich auf Mondjahre nach der Hidschra, also der „Auswanderung" Mohammeds von Mekka nach Medina.

In einzelnen muslimischen Kulturen werden allerdings nicht die astronomischen Methoden, sondern wird traditionell das menschliche Auge als Maßstab zur Fixierung eines Datums und damit für den rechten Beginn eines Festes herangezogen. Dann kann sich das Datum um einen Tag verschieben. Bei der Mehrheit der Muslime sind allerdings die unten stehenden Daten akzeptiert.

2006
Das Opferfest (1426 nach der Hidschra):	10. Januar 2006
Das islamische Neujahr (1427 n.H.):	31. Januar 2006
Ashura (Fasten- und Rettungstag des Propheten Moses; nach den Schiiten ist das auch der Todestag des 3. Imam):	09. Februar 2006
Mevlid (Geburtstag von Mohammed, den nicht alle Muslime feiern):	11. April 2006
1. Ramadan (Anfang des Fastenmonats):	24. September 2006
Das Fastenbrechen-Fest:	24. Oktober 2006
Das Opferfest (1427 n.H.):	31. Dezember 2006

2007
Das islamische Neujahr (1428 n.H.):	20. Januar 2007
Ashura:	29. Januar 2007
Mevlid (Geburtstag von Mohammed):	31. März 2007
1. Ramadan (Anfang des Fastenmonats):	13. September 2007
Das Fastenbrechen-Fest:	13. Oktober 2007
Das Opferfest (1428 n.H.):	20. Dezember 2007

2008
Das islamische Neujahr (1429 n.H.):	10. Januar 2008
Ashura:	19. Januar 2008
Mevlid (Geburtstag von Mohammed):	20. März 2008
1. Ramadan (Anfang des Fastenmonats):	01. September 2008
Das Fastenbrechen-Fest:	01. Oktober 2008
Das Opferfest (1429 n. H.):	08. Dezember 2008
Das islamische Neujahr (1430):	29. Dezember 2008

2009
Ashura:	07. Januar 2009
Mevlid (Geburtstag von Mohammed):	09. März 2009
1. Ramadan (Anfang des Fastenmonats):	22. August 2009
Das Fastenbrechen-Fest:	02. September 2009
Das Opferfest:	27. November 2009
Das islamische Neujahr (1431 n.H.):	18. Dezember 2009
Ashura:	27. Dezember 2009

2010
Das Fastenbrechen-Fest (1431 n.H.):	10. September 2010
Das Opferfest:	12. November 2010
Mevlid (Geburtstag von Mohammed):	26. Februar 2010
1. Ramadan (Anfang des Fastenmonats):	11. August 2010
Das islamische Neujahr (1432 n.H.):	07. Dezember 2010
Ashura:	17. Dezember 2010

Daten nach der Webseite des Zentralrates der Muslime.

Literatur

Gedig, U. (2000), „Gerufen-Werden und Rufen", in: J. Lähnemann, W. Haußmann (2000, Hrsg.), Unterrichtsprojekte Weltethos I, Grundschule, Hauptschule, Sekundarstufe 1, (Pädagogische Beiträge zur Kulturbegegnung 17), Hamburg, S. 127-150

Grimmitt, M.H./Grove, J./Hull, J./Spencer, L. (1991), A Gift to the Child. Religious Education in the Primary School. Teachers' Source Book, Simon and Schuster, London

Jackson, R. (1990), „Children as ethnographers", in: R. Jackson (1990, Hrsg.), The Junior RE Handbook, Stanley Thornes, Cheltenham, S.200-213

Lähnemann, J., (1998), Evangelische Religionspädagogik in interreligiöser Perspektive, Göttingen

Meyer, Karlo (1999), Zeugnisse fremder Religionen im Unterricht. „Weltreligionen" im deutschen und englischen Religionsunterricht, Neukirchen

Dias und Folien

Halbfas, H. (1995), Islam. Glaube. Geschichte. Gegenwart. 32 Dias mit Begleitheft (Religionen der Welt),
Eine fundierte Reihe, die im Text geprägt ist durch die These von Halbfas.

Huber, B. (ohne Jahr), Folienset „Der Islam. Folien. Farbbilder. Erläuterungen", Regensburg
Eine Reihe mit schönen orientalischen Bildern, nicht der Islam in Deutschland ist Thema, sondern der z.T. exotische Islam anderer Länder – CIBEDO und das Religionspädagogische Seminar der Diözese Regensburg stehen im Hintergrund.

Einführungen in den Islam

Abdullah, M.S. (1992), Islam. Für das Gespräch mit Christen (GTB 793), Gütersloh
Der Verfasser war Vertreter des islamischen Weltkongresses in Deutschland. Er wirbt gegenüber Christen für einen toleranten Islam in geschwisterlicher Nähe zum Christentum. Etwas kritisch ist zu sehen: Unterschiede zwischen den beiden Religionen (Trinität, Kreuz Jesu) werden nur aus der eigenen, vom Dialog geprägten Sicht referiert. Fazit: Eine weltoffene (z.T. apologetische) Meinung, die nicht immer als Mehrheitsmeinung im Islam betrachtet werden kann und doch Sympathie weckt gegenüber dieser Religion.

Renz, A./Leimgruber, St. (2004), Christen und Muslime. Was sie verbindet. Was sie unterscheidet, München
Das Buch führt mit allgemeinen theologischen Themen „Offenbarung", „Gemeinsame Grundlagen", „Ethik", „Ästhetik" in den Dialog zwischen Christen und Muslimen ein. Es ist allgemein verständlich und arbeitet doch Hintergründe auf. Die christliche Seite wird hauptsächlich von der katholischen Seite her beschrieben, was der Islamdarstellung und den grundlegenden Themen allerdings keinen Abbruch tut.

Schirrmacher, Chr. (1994), Der Islam 1. Geschichte, Lehre. Unterschiede zum Christentum (Theologie für die Gemeinde)', Stuttgart
Dieser Band eignet sich für alle christlichen Nicht-Experten, die dennoch ausführliche Informationen suchen. Die Verfasserin ist evangelikale Christin, die zwei Bände eines Fernkurses zum Islam herausgegeben hat. Es muss darauf hingewiesen werden, dass sie dem Islam kritisch gegenüber steht; die Förderung des Dialogs ist nicht ihr Anliegen. Sie legt allerdings ihre Haltung offen und bietet eine Fülle differenzierter Informationen und versucht der Vielzahl islamischer Sichtweisen und kultureller Ausprägung im Rahmen des Möglichen gerecht zu werden.

Tworuschka, M./Tworuschka, U. (2002), Islam Lexikon, Düsseldorf
Ein Lexikon mit einer Fülle von Stichworten und Hinweisen auf weiterführende Literatur. Erfreulicherweise sind die Stichworte sowohl in türkischer als auch in arabischer Version aufgeführt. Zum Teil muss man sich dadurch allerdings von Verweis zu Verweis leiten lassen, um zum eigentlichen Stichworttext zu gelangen.

VELKD (1996, Hg.), Was jeder vom Islam wissen muss (GTB 786), 6. Aufl. Gütersloh (erste Aufl. 1990)
Verständliche, etwas lexikalische Einführung in den Islam, die für jedermann geeignet ist.

Watt, W.M./Welch, A. T. (1980), Der Islam I, Mohammed und die Frühzeit – Islamisches Recht – Religiöses Leben (Die Religionen der Menschheit 25,1), Stuttgart
Dieser Band ist eine ausführliche, wissenschaftlich sehr fundierte Einführung aus der Sicht westlicher Forscher.

Als Koranausgabe sei für Leser und Leserinnen mit christlichem Hintergrund verwiesen auf:
Khoury, A. Th. (2001, erste Aufl. 1987), Der Koran, Gütersloh

Zur Aussprache des Arabischen

In den Erklärungen zu den Themen folgen wir der Umschrift, die Watt/Welch (1980) gebrauchen. Bei eingedeutschten Worten folgen wir der hierzulande üblichen Schreibweise (Mohammed statt Muḥammad und Koran statt Qur'ān, Allah statt Allāh). In den Vorlesetexten haben wir eine Version gewählt, die sich dem deutschen Leser oder der deutschen Leserin unmittelbar erschließt:

Khaditscha – mit dem ersten Laut, der wie das „ch" von „Nacht" klingt, statt Ḥadīǧa.

Abdullah statt ʿAbd-Allāh, Ammar statt ʿAmmār, Umar statt ʿUmar.

Im Fall des Gebetsrufes im türkischen Kontexte der Geschichte haben wir das eingedeutsche Muezzin und das türkische Ezan (gesprochen mit weichem „s") statt des arabischen aḏān gewählt (mit einem d-Laut wie das stimmhafte englische th).

Die bleibenden Hinweis auf die fremden Laute kann im Rahmen des Praktikablen auch für uns als Lehrkräfte die Fremdheit des Stoffes im Bewusstsein halten.

t hartes englisches „th"

ǧ „dsch"

ḥ raues „h"

ḫ „ch" wie in „Nacht"

ḏ weiches englisches „th"

r Zungen-r

z stimmhaftes „s" wie in „sieben"

š „sch"

ṣ emphatisches "s"

ḍ emphatisches „d"

ṭ emphatisches „t"

ẓ emphatisch stimmhaftes „s"

ʿ harter Kehllaut

q gutturales „k"

h wird immer mitgesprochen

ʾ Stimmeinsatz

Verzeichnis des Inhalts der CD

Arbeitsblätter/Materialien (M)

M1 Wortschatz
M2 Gebetsruf in lateinischer Schrift
M3 Ein Minarett
M4 Rufe, denen ich folgen muss
M5 Waschungen
M6 Gebetsruf in arabischer Schrift
M7 Glocken mit ihren Tönen
M8 Botschaften eines Geläuts
M9 Die Glocke
M10 Interview – unsere Glocke
M11 Mose und der brennende Dornbusch
M12 Als Israel in Ägypten war
M13 Meine Bibel
M14 Was die Bibel für Lea bedeutet
M15 Allah in Schönschrift
M16 Arabische Verzierungen I
M17 Arabische Verzierungen II
M18 Arabische Verzierungen III
M19 Kalligrafie mit Tieren und Gegenständen
M20 Der Koran
M21 Die Bibel
M22 Interview – Berufe(n)
M23 Gottes Wort und Gottes Duft
M24 Gottes Duft und Gottes Wort
M25 Gebetshaltungen I
M26 Gebetshaltung „Sadschda"
M27 Leas Abendgebet
M28 In Gottes Hand
M29 Gebetshaltungen II
M30 Gebete
M31 Eine Moschee
M32 Die Einrichtung der Moschee
M33 Unterschiede zwischen Christentum und Islam
M34 Guten Appetit!

Information: Feste der Muslime

Audio-Medien (A – Aufnahmen von Karlo Meyer)

A1 Anfang des Gebetsrufes „Gott ist größer" (gerufen von Baddr el Din Dehne)

A2 Gebetsruf (gerufen von Baddr el Din Dehne)

A3 Sure 96,1–5 (rezitiert von Baddr el Din Dehne)

A4 Mittagsgeläut von St. Nikolai in Stralsund (im Hintergrund: Fußgänger in der Fußgängerzone)

A5 Einläuten des Sonntags, Samstag um 17.59 Uhr bis 18.04 Uhr (zunächst in der Ferne St. Andreas zu Hildesheim, dann aus der Nähe der Dom zu Hildesheim; mit: 4-mal dem Schlag zur vollen Stunde, 6 Schlägen für 6 Uhr, Angelusläuten mit 3-mal 3 Schlägen und anschließend eine Glocke Dauerläuten über 1–2 Minuten, volles Geläut zum Beginn des Sonntags – im Hintergrund zum Teil Windgeräusche).

A6 Rategeräusch: Autohupe

A7 Rategeräusch: Fahrradklingel

A8 Rategeräusch: Pfeifen eines Wasserkessels

A9 Rategeräusch: Türklingel

A10 Rategeräusch: Schiffshorn

A11 Rategeräusch: Martinshorn der Feuerwehr

A12 Rategeräusch: Anlassen eines Autos

A13 Rategeräusch: Türknarren

A14 Rategeräusch: Anfahren einer Dampflokomotive (der Rasende Roland auf Rügen)

A15 winzige Handglocke aus Metall

A16 Handglocke aus Keramik

A17 Handglocke aus Glas

A18 Kleine Handglocke aus Metall

A19 Mittlere Handglocke aus Metall

A20 Große Handglocke aus Metall

A21 Mittagsgeläut von St. Nikolai in Stralsund

Visuelle Medien/Bilder
(V – Aufnahmen von Karlo Meyer)

V0	V0.1–V0.4	Familien und Portraits von Lea und Kazim
V1	V1.01–V1.10	Kazim hört den Ruf zum Gebet
V2	V2.1	Kazims Vater liest vor
V3	V3.1–V3.9	Glocken
V4	V4.1	Leas Mutter liest vor
V5	V5.01–V5.10	Kazim betet
V6	V6.1–V6.6	Lea betet
V7	V7.1–V7.7	Moschee von innen
V8	V8.1–V8.8	Kirche von innen
V9	V9.1–9.5	Ritualwaschung

Audiovisuelle Medien (AV)

Filmsequenz „Kazim betet"

Gezeigt wird in diesen Bildern kein „richtiges" Beten, denn das wäre auf Arabisch und sollte auch nicht mit einer Kamera vor den Kindern gefilmt werden. Die Kinder haben vorgemacht, wie das Morgengebet aussieht, und Alexander Schmidt hat dazu einen übersetzten deutschen Text gesprochen.